CW01347712

To Elizabeth!

[signature]

Vienna, 12.5.2023

Petra Hartlieb

ZUHAUSE in unserer Buchhandlung

Mit Bildern von Nini Alaska

CARLSEN

für Fredi

Inhalt

Wir wohnen in einer Buchhandlung	11
Hunderttausend Millionen Einhornbücher	23
Der Mann im Pyjama	33
Ein weißer Drache im Büro	43
Wohnt das Personal auch bei uns?	55
Wir sind megareich!	61
Ostereier, Gespenster und ein Nudelsieb	67
Bücher von A–Z	75
Die haben ganz schön Glück mit mir	83
Ich darf lesen, was ich will	91
Ein Bademantel aus Hamburg	103
Schlafsack, Taschenlampe und Popos	109

Wir wohnen
in einer Buchhandlung

Eltern glauben immer, Kinder könnten sich an nichts erinnern, aber ich weiß noch ganz genau, wo wir gelebt haben, bevor wir in die Buchhandlung gezogen sind. Dabei war ich noch nicht einmal vier!

Natürlich wohnen wir nicht in einer Buchhandlung, sondern in einer ganz normalen Wohnung. Aber die liegt direkt über unserer Buchhandlung und das ist sehr praktisch.
Vor allem früher, als ich noch klein war und nicht auf mich selbst aufpassen konnte. Da waren wir, also Papa, Mama und ich, so viel im Geschäft, wir hätten eigentlich gar keine Wohnung gebraucht.

Aber der Reihe nach. Ich bin in Hamburg geboren und da haben wir auch gelebt. Ich und mein großer Bruder Jan mit meinem Papa und meiner Mama. Hamburg ist eine Stadt im Norden Deutschlands und viele Leute finden die so toll, dass sie extra hinfahren, um dort Urlaub zu machen. Ich erinnere mich nur noch an einen Spielplatz, den wir „Rutschi" nannten. Ich weiß noch genau, wie ich mich das erste Mal getraut habe, zu rutschen, obwohl das ziemlich hoch war. Und an das Zitroneneis im Eisladen. Das Wort *Eisladen* ist übrigens deutsch, aber meine Mama spricht Österreichisch, und da heißt der Eisladen *Eisgeschäft*. Österreichisch ist wie Deutsch, nur verwendet man oft andere Wörter. Ich kann beide Sprachen.

Meine Mama ist aus Wien, das ist die größte Stadt in Österreich, und die ist so schön, dass viele Leute aus der ganzen Welt sie besuchen, um all die alten Häuser anzuschauen. Wir sind jedes Jahr in den Urlaub nach Wien gefahren, auch da war das Zitroneneis nicht schlecht und wir waren in einem großen Schwimmbad. Auf der langen Wasserrutsche habe ich es auch geschafft, zu rutschen. Mit Nasezuhalten und mein Papa hat mich unten aufgefangen, da war ich ziemlich stolz auf mich.

Aber zurück zum Anfang: Nachdem Mama mich vom Kindergarten abgeholt hatte, gingen wir auf den Spielplatz. Ich flitzte ein paar Mal die Rutsche runter und dann durfte ich mir mit meiner Freundin Hanna alleine beim Bäcker ein Franzbrötchen kaufen. Franzbrötchen gibt es nur in Hamburg und ich liebe sie. Wer das nicht kennt, stellt sich einfach eine Zimtschnecke vor, die aussieht, als wäre ein Lastwagen drübergefahren.

Hanna und ich spielten schon wieder, als Mama unten an der Rutsche stand und mich plötzlich ganz seltsam anschaute: „Toni, ich muss dir was erzählen. Wir ziehen um. Nach Wien."

Weil ich mitten auf der Rutsche sitzen geblieben war, stieß mir ein Kind von hinten seine Füße in den Rücken. Ich musste ein bisschen weinen, Mama nahm mich auf den Arm und setzte sich mit mir auf eine Bank.

„Weißt du noch, wie traurig du warst, als wir nach den Ferien wieder wegmussten aus Wien? Wie du bei Niklas und Lea bleiben wolltest?"

Ich hab nichts gesagt, nur ein bisschen in Mamas T-Shirt geweint, weil mir das blöde Kind in den Rücken gerutscht war. Und auch ein bisschen wegen Wien und wegen Niklas und Lea, obwohl ich seit Wochen gar nicht an die gedacht hatte. Niklas und Lea sind die Kinder von Mamas ältesten Freunden. Ich glaube, meine Mama ist gemeinsam mit der Mama und dem Papa von Niklas und Lea in die Schule gegangen. Und immer, wenn wir in Wien Urlaub gemacht haben, haben wir bei ihnen gewohnt.

Dann kam zum Glück Hanna mit zwei großen Eimern. Wir durften Schuhe und Socken ausziehen und Wasser in die Sandkiste gießen, obwohl meine Mama immer gesagt hat, in Hamburg wäre es viel zu kalt, um barfuß zu laufen.

Am Abend war Papa früher als sonst zu Hause, es gab Spaghetti mit Tomatensoße. Tomaten heißen auf Wienerisch Paradeiser, das konnte ich mir damals nicht merken und deswegen habe ich immer „Paradiessoße" gesagt. Klingt doch viel schöner, oder?

Ich wickelte mir eine riesige Portion Nudeln auf meine Gabel und Papa schimpfte nicht mal, als ich versuchte, mir alles in den Mund zu stopfen.

Und dann meinte Mama: „Weißt du, warum wir nach Wien ziehen werden?"

„Weil das Wetter da besser ist?", fragte ich.

„Nein, du Dummerchen. Wir ziehen nach Wien, weil wir eine Buchhandlung gekauft haben! Eine eigene", sagte sie und zupfte an meiner Mütze.

Ich dachte an die Buchhandlung in Hamburg, in der wir immer meine Bücher kauften, und stellte mir vor, wie es wäre, wenn die uns gehören würde. So viele Bücher, das war ja der Wahnsinn.

„Kann ich dann jedes Buch haben?"

„Jedes", sagte Papa.

„Auch die Conni-Bücher?"

Meine Mama konnte die Conni-Bücher nicht ausstehen, trotzdem las sie mir damals fast jeden Abend *Conni macht das Seepferdchen* vor.

„Die hast du doch schon alle!"

„Aber nicht die Conni-Bücher für die Großen!" Jetzt musste ich ein bisschen lachen, denn ich wusste genau, dass Mama die Conni-Bücher für die Großen noch viel weniger mochte.

„Wenn es unbedingt sein muss, auch die Conni-Bücher für die Großen", seufzte Mama und wischte mir die Tomatensoße von der Nase.

Nach dem Essen brachten mich beide ins Bett. Mama las mir *Conni zieht um* vor, und obwohl ich die Geschichte fast auswendig konnte, hörte ich diesmal ganz genau zu.

„La-Le-Lu, nur der Mann im Mond schaut zu, wenn die kleinen Kinder schlafen …", sang Papa mir vor und als beide rausgehen wollten, fragte ich: „Und meine ganzen Sachen?"

„Na, die kommen alle mit."

„Und Hanna?" Hanna war genauso alt wie ich, wir haben uns beim Babyschwimmen kennengelernt und da waren wir wirklich noch Babys.

„Hanna kann nicht mitkommen, aber sie wird uns besuchen."

„Und mein Kindergarten? Und mein Fahrrad?"

Ich wusste die Antworten vorher schon: Kindergarten – nein. Fahrrad – ja.

Da musste ich wieder ein bisschen weinen und Mama und Papa kamen sofort zurück an mein Bett. Papa drückte mir meinen Kuschelhasen Jojo in den Arm und Mama gab mir einen Kuss und sah selber ein bisschen traurig aus.

„Und wo werden wir wohnen?" Obwohl ich schon sehr müde war, setzte ich mich noch einmal auf und schaute mich in meinem Zimmer um. Das bunte Regal mit den Spielsachen drinnen, das kleine Spielzelt, in dem ich so gerne mit Jurek und Hanna kuschelte, und die Wand neben meinem Bett, wo wir vor kurzem erst Planeten und Sonnen aufgemalt hatten. Das alles gab es dann nicht mehr?

„Wir werden in der Buchhandlung wohnen", sagte mein Papa so stolz, als würde er mir erzählen, dass wir gleich zum Mond fliegen würden. „Äh, also, nicht *in* der Buchhandlung. Aber *über* der Buchhandlung. Dann musst du dir nicht einmal Schuhe anziehen, wenn du ein Buch haben willst."

NORWEGEN
BUCHHANDLUNG
SEEMANNS GARN
HAMBU
OP PLATT
TAG 2
TAG 3
TAG 4
TAG 5
BUCHHANDLUNG
DIE TRAM
WIEN
PRATER
RIESEN RÄDER
DER FLUSS

BUCHHANDLUNG

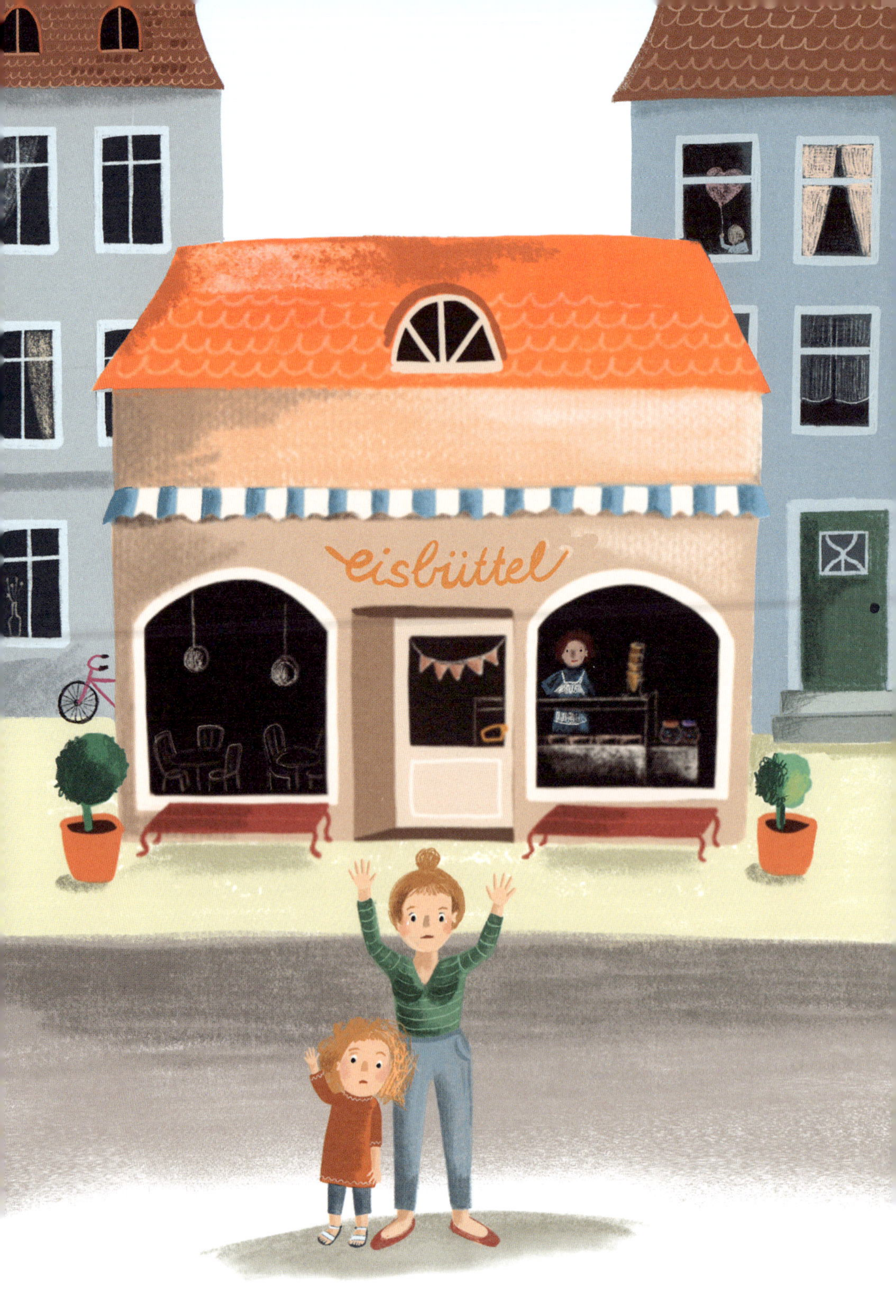
eisbüttel

Hunderttausend Millionen
Einhornbücher

Dann ging alles ganz schnell. Im Kindergarten gab es eine Abschiedsparty mit bunten Streusel-Muffins und Hannas Mama schenkte mir einen gelben Bademantel, weil Hanna und ich uns doch beim Babyschwimmen kennengelernt hatten. Mama und Papa packten das Auto bis oben hin voll, es war gerade noch Platz für mich und Jojo im Kindersitz. Mein großer Bruder kam nicht mit. Der zog zu seinem Freund, er wollte unbedingt das Schuljahr über in Hamburg bleiben. Er war ja schon fast erwachsen.

Hanna und ihre Mama standen mitten auf der Straße und winkten, bis wir sie nicht mehr sahen, und dann fuhren wir ungefähr sieben Millionen Stunden mit dem Auto. Ich war schon ein bisschen traurig, wegen Jan und Hanna und meiner Kindergruppe und dem Rutschi-Spielplatz und den Franzbrötchen und dem Eisladen, aber irgendwie war ich auch aufgeregt und neugierig.

In Wien schliefen wir aber nicht in der neuen Buchhandlung und auch nicht in der Wohnung darüber. Das war nämlich gar keine echte Wohnung, sondern ein ziemlich unheimlicher Ort mit braunen Tapeten, Regalen, Bürotischen und vielen alten Bücher. Und das Schlimmste: Es gab nicht mal eine Küche und auch kein Badezimmer. Außerdem war im Vorzimmer ein großes Loch im Boden und von da führte eine Wendeltreppe abwärts. Eine Wendeltreppe ist eine Treppe, die um die Kurve geht, *gewunden* nennt man das, glaub ich.

Wenn man da ganz schnell rauf- oder runterrennt, wird einem schwindlig. Ich hatte aber eh keine Lust, da runterzurennen, denn unten war es dunkel und es roch ganz komisch, nach Staub und alten Büchern.

„Schau mal, hier, das wird dein Zimmer! Und du bekommst ein Stockbett mit einer Höhle drunter", sagte Papa und ich nahm ihn bei der Hand und zog ihn aus dem gruseligen Zimmer. Die Wohnung war riesig, bald hatte ich den Überblick verloren. Aber eine Sache fiel mir sofort auf: „Es gibt keine Badewanne", sagte ich und schon wieder spürte ich die dummen Tränen in meinen Augen. Wozu hatte ich dann den schönen neuen Bademantel von Hanna bekommen?

„Wir wohnen jetzt bei euch", sagte ich zu Niklas und Lea, als wir am Abend in unseren Betten lagen. Die hatten nämlich ein großes Kinderzimmer, mit lustigen Bildern an den Wänden und einem Vorhang mit Luftballons und Konfetti drauf. Die beiden schliefen in einem Stockbett, Lea oben und Niklas unten. Im Urlaub hatte ich auf einem Sofa danebengeschlafen. Aber jetzt lag ich in meinem eigenen Bett aus Hamburg.

„Für immer?" Lea war erst drei und stellte ständig Fragen.

„Ich weiß es nicht. Vielleicht. Jedenfalls für lange. In der Wohnung über der Buchhandlung kann man gar nicht wohnen. Da ist es so gruselig."

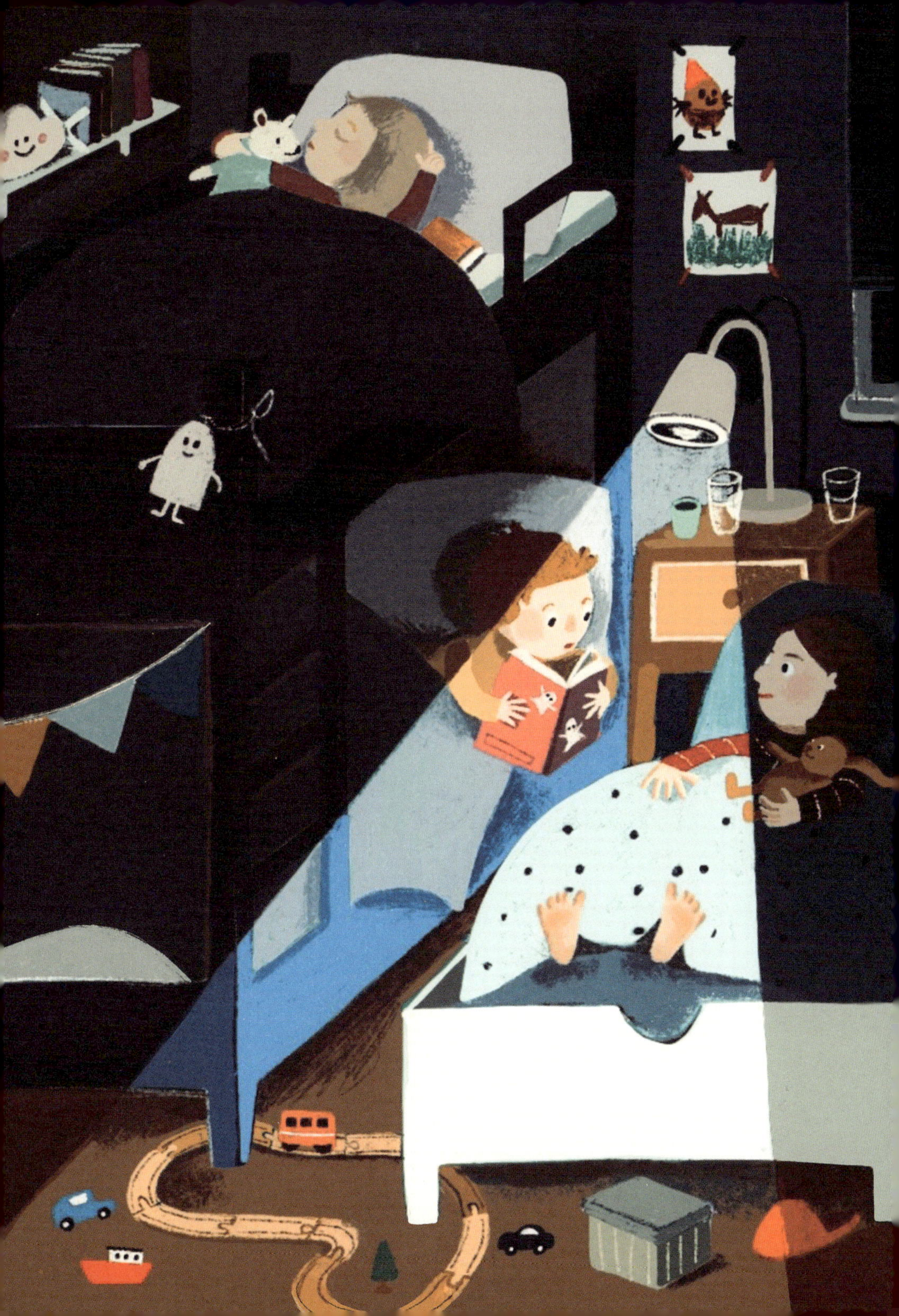

Lea war eine ganze Weile still und ich dachte schon, sie sei eingeschlafen. Da sagte sie: „Toni …?"

„Hm?"

„Sind wir jetzt Geschwister?"

„So was Ähnliches." Ich fand es gut, nun musste ich nicht mehr alleine schlafen. Nur das mit dem Vorlesen war ein bisschen schwierig. Niklas' Lieblingsbücher waren Sachbücher, am besten über Rettung, Feuerwehr oder Krankenhäuser. Lea wollte immer nur Prinzessinnenbücher und ich liebte Abenteuerbücher.

Meine Familie war plötzlich doppelt so groß, denn Niklas und Lea hatten natürlich auch eine Mama und einen Papa. Und so war es immer spannend: Wer wird mich heute vom Kindergarten abholen? Wer kocht das Abendessen? Wer bringt uns am Abend ins Bett? Denn obwohl mein großer Bruder gar nicht bei uns wohnte, hatte ich plötzlich zwei Geschwister zusätzlich und vier Eltern. Manchmal waren beim Abendessen noch alle da. Nach der Badewanne waren beide Mamas und mein Papa plötzlich weg und Papa 2 brachte uns ins Bett. Uns machte das nichts aus, denn so war das Schlafengehen nie langweilig: Meine echte Mama konnte super vorlesen und vergaß dabei immer die Zeit. Mama 2 erzählte gerne von ihrer Arbeit als Ärztin im Krankenhaus. Papa 2 konnte zwar nicht singen, dachte sich aber tolle Geschichten

MAMA #1

AUFGABEN:
- Vorlesen mit Zeitvergessen
- Abholen vom Kindergarten

MAMA #2

AUFGABEN:
- Erzählen von Arbeit im Krankenhaus

PAPA #1

AUFGABEN:
- Alle 6 Strophen vom Lieblingsschlaflied singen
- Abendessen kochen

PAPA #2

AUFGABEN:
- Alle Ins-Bett-Bringen
- Abendessen kochen
- Geschichten ausdenken

aus, und mein echter Papa sang immer alle sechs Strophen meines Lieblingsschlaflieds.

Es war sehr gut, dass ich plötzlich zwei neue Eltern hatte, denn meine eigenen sah ich nicht mehr viel. Die waren die meiste Zeit in dem Raum, der unsere Buchhandlung werden sollte. Sie strichen Wände, schraubten Regale zusammen und putzten Böden und Fenster. Fast jeden Abend kam Besuch, dann saßen die Erwachsenen mit bunten Prospekten am Küchentisch. In all diesen Heften waren Bilder von Büchern drinnen. Mama blätterte sie durch, sagte immer wieder Zahlen und der Besuch tippte die Zahlen in einen Computer.

„Das sind *Vertreter*", erklärte ich Niklas und Lea. „Die wissen jetzt schon, welche Bücher in zwei Monaten erscheinen, und meine Mama muss aussuchen, welche davon sie in der Buchhandlung haben will." Ich wusste das schon, mein Papa war auch mal Vertreter gewesen.

„Will sie nicht alle Bücher haben?" Lea blätterte begeistert die Prospekte mit den Bilderbüchern durch.

„Es gibt sooooooo viele Bücher auf der Welt, die kann man doch gar nicht alle ins Regal stellen. Hunderttausend Millionen Bücher gibt es. Meine Mama nimmt nur die, die ihr gefallen."

„Hm", machte Lea und tippte begeistert auf ein Foto von einem Buch mit Glitzereinhorn. „Ich will das. Ganz viele davon!"

Ich wollte wissen, wie viel Bücher in eine Buchhandlung passen. Papa zeichnete lauter Regale auf ein großes Blatt Papier, und wir Kinder durften sie ausmalen. Damit wir nicht nur braune Holzregale malen mussten, begannen wir, lauter bunte Kleckse in die kleinen Regale zu zeichnen. Das sah lustig aus.

„Kann man da hunderttausend Millionen Bücher reinstellen?", fragte Niklas und versuchte, einen Dinosaurier auf eines der kleinen Bücher zu zeichnen.

„Nein, schau mal, man kann das ausrechnen", sagte mein Papa und öffnete auf seinem Computer eine Tabelle. Eine Tabelle ist ein Blatt mit lauter Linien, wie ein Gefängnis. Mein Papa liebt Tabellen.

„Schau mal, es gibt Bücher, die sind so dünn wie ein Schokoladenkeks und welche, die sind so dick wie ein großes Stück Kuchen. Man tut einfach so, als wäre die eine Hälfte nur dicke Bücher und die andere Hälfte nur dünne Bücher. Dann rechnet man die Mitte aus. Zum Schluss zählt man zusammen, wie viele Meter Regale man hat, und schon weiß man, wie viele Bücher da reinpassen."

Am Ende der Liste stand eine sehr lange Zahl, keiner konnte die lesen. Vielleicht nicht einmal mein Papa?

„Ist mir egal", sagte Lea. „Ich will hunderttausend Millionen Einhornbücher."

Und obwohl ich Einhörner nicht so toll finde, stellte ich mir vor, wie eine ganze Horde Mini-Einhörner durch die Buchhandlung galoppierte. Ich versuchte gleich, sie zu zeichnen, und Lea machte begeistert mit.

Der Mann im Pyjama

Am Abend bevor die Buchhandlung eröffnet wurde, durften auch wir Kinder mit. Es sah gar nicht mehr wie eine Baustelle aus, alles war ordentlich und sauber.

„Aber es riecht komisch", meinte Niklas. „Stinken Bücher?"

„Nein!", rief ich. „Bücher riechen total gut."

„Das ist der Teppichkleber", sagte Papa. „Der ist noch nicht trocken, deswegen stinkt er."

Wir saßen in der Kinderbuchabteilung auf dem Boden, zogen Bilderbücher aus den Regalen und blätterten vorsichtig die Seiten um. Und da kitzelte mich etwas in meinem Bauch und ich konnte nur noch einen Satz denken:

Das gehört mir. Dieses Buch. Das Buch, das Lea gerade anschaut. Das Buch daneben. Das Buch da drüben. Alle Bücher hier. Na gut, sie gehörten Mama und Papa, aber ja eigentlich auch mir.

Und ich war ein bisschen stolz. Ein bisschen sehr stolz.

Meine Eltern hatten Freunde eingeladen, und alle halfen mit, die letzten Bücher in die Regale zu stellen. Ein Freund von Papa 2 versuchte, die Kasse einzuschalten, und wir Kinder hörten ihn immer wieder total verbotene Wörter

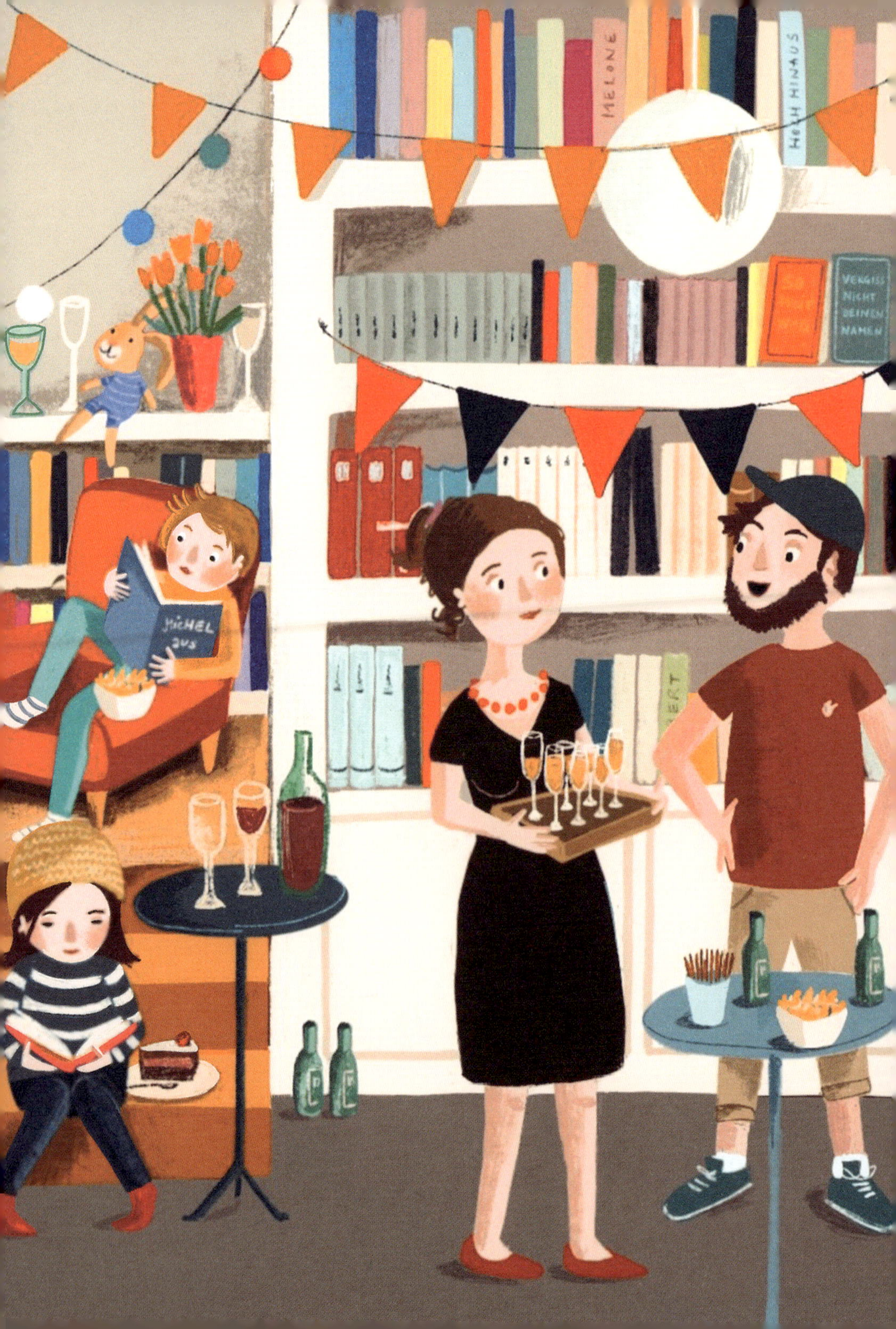
MELONE
HOCH HINAUS
VERGISS NICHT DEINEN NAMEN
Michel aus

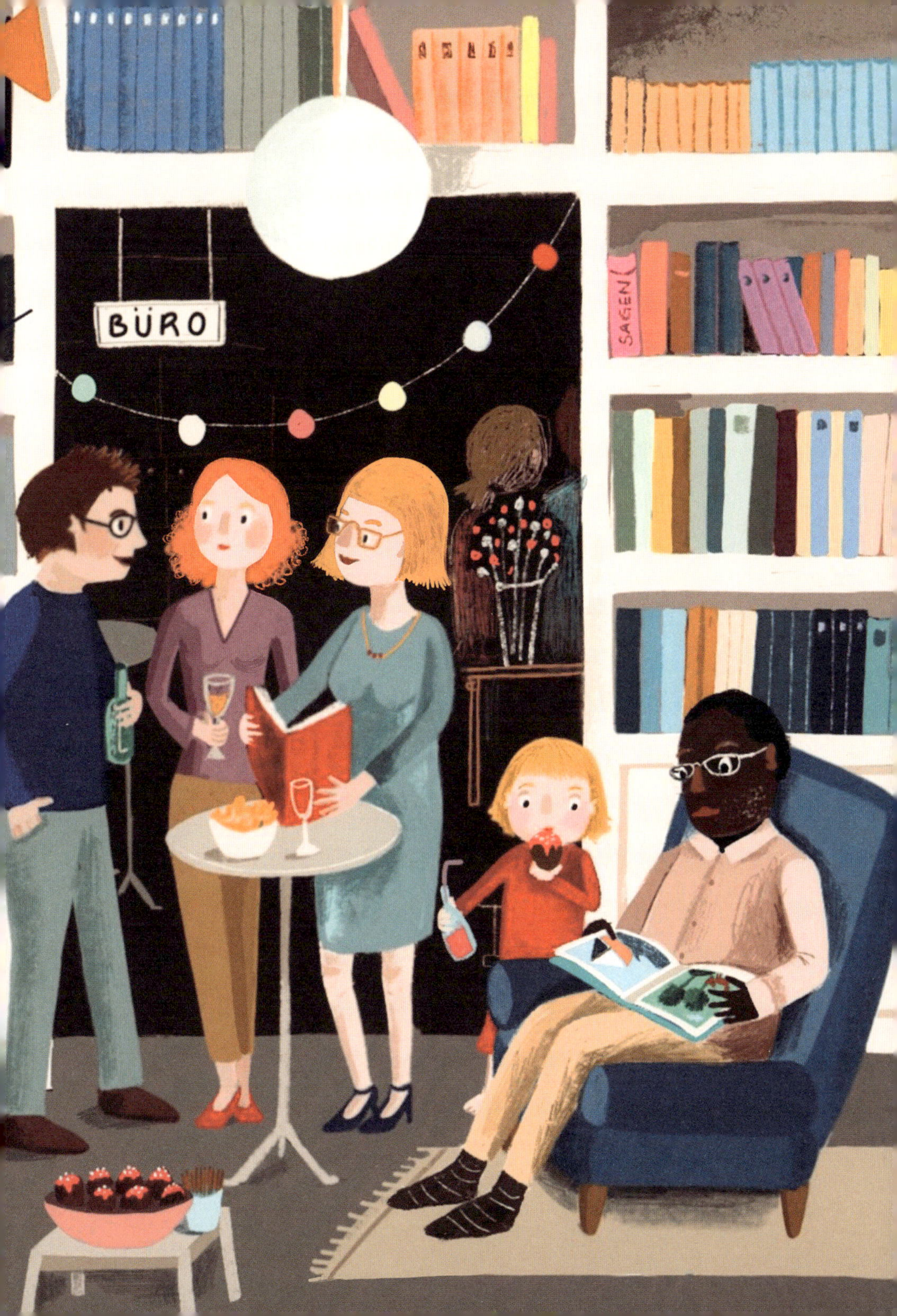
BÜRO
SAGEN

murmeln. Die Erwachsenen tranken Sekt, wir bekamen Saft und es gab Chips und Salzstangen. Und dann, als keiner aufpasste, hatte ich eine Idee!

„Wollen wir die Wendeltreppe raufschleichen?"

Die Wendeltreppe war auch neu gestrichen und sah nun gar nicht mehr so unheimlich aus. Trotzdem hatten uns Mama und Papa verboten, alleine raufzugehen. Es gebe noch kein richtiges Licht und oben sei immer noch Baustelle. Es sei gefährlich, meinten sie.

Natürlich nicht so gefährlich wie ein Krokodil oder eine Vogelspinne. Aber gefährlich, weil man ausrutschen, stolpern und runterfallen könnte. Also für Kinder strengstens verboten. Lea war begeistert von meinem Plan. Obwohl sie die Jüngste von uns dreien war, war sie ganz schön mutig.

„Aber es ist gefährlich." Niklas schaute ängstlich nach oben in das finstere Loch. Er war immer vorsichtig und meistens hörten wir auf ihn. Doch diesmal nicht: Ich wollte unbedingt da rauf, schließlich sollte das mal unsere neue Wohnung werden!

Die Treppe war wirklich sehr steil. Wir hielten uns am Geländer fest und als wir endlich oben waren, fand auch ich es ein wenig unheimlich. Wir nahmen uns an den Händen und gingen langsam ins Innere der Wohnung. Niklas probierte, den Lichtschalter anzuknipsen, *klack-klack* machte es, aber hell wurde es nicht. Nur die Straßenbeleuchtung schimmerte durch die schmutzigen Scheiben.

„Kommt, ich zeig euch mein Zimmer", sagte ich. Ich war ja mit Papa schon ein paar Mal hier gewesen und er hatte mir erklärt, wie die Wohnung einmal aussehen würde. Doch damals war es hell gewesen, Handwerker hatten Krach gemacht und mich freundlich angelächelt. Jetzt war es dunkel und still, es roch nach Staub und Dreck. Auf dem Boden lagen Werkzeug und Holz und man musste höllisch aufpassen, dass man nirgendwo darüberfiel.

„Lasst uns wieder runtergehen!" Jetzt hatte sogar Lea eine ganz piepsige Stimme und Niklas drückte meine Hand. „Ihr seid solche Angsthasen", sagte ich, doch auch mein Herz klopfte bis zum Hals und ich zog sie weiter. Endlos lang ging es durch die Wohnung. Plötzlich wusste ich gar nicht mehr so genau, wo mein Kinderzimmer sein sollte, und kurz überlegte ich, umzudrehen.

„Was ist das?" Niklas blieb mitten im Zimmer stehen, Lea rannte in ihn rein und er stolperte über mich. In der Ecke stand ein riesiges schwarzes Ungetüm. Es war stachelig und reichte bis zur Zimmerdecke. Ich weiß nicht mehr, wie lange wir da standen und das stachelige Monster anstarrten. Wir trauten uns nicht, uns zu bewegen, nicht einmal rückwärts. Vielleicht würde es uns anspringen? Nachdem sich meine

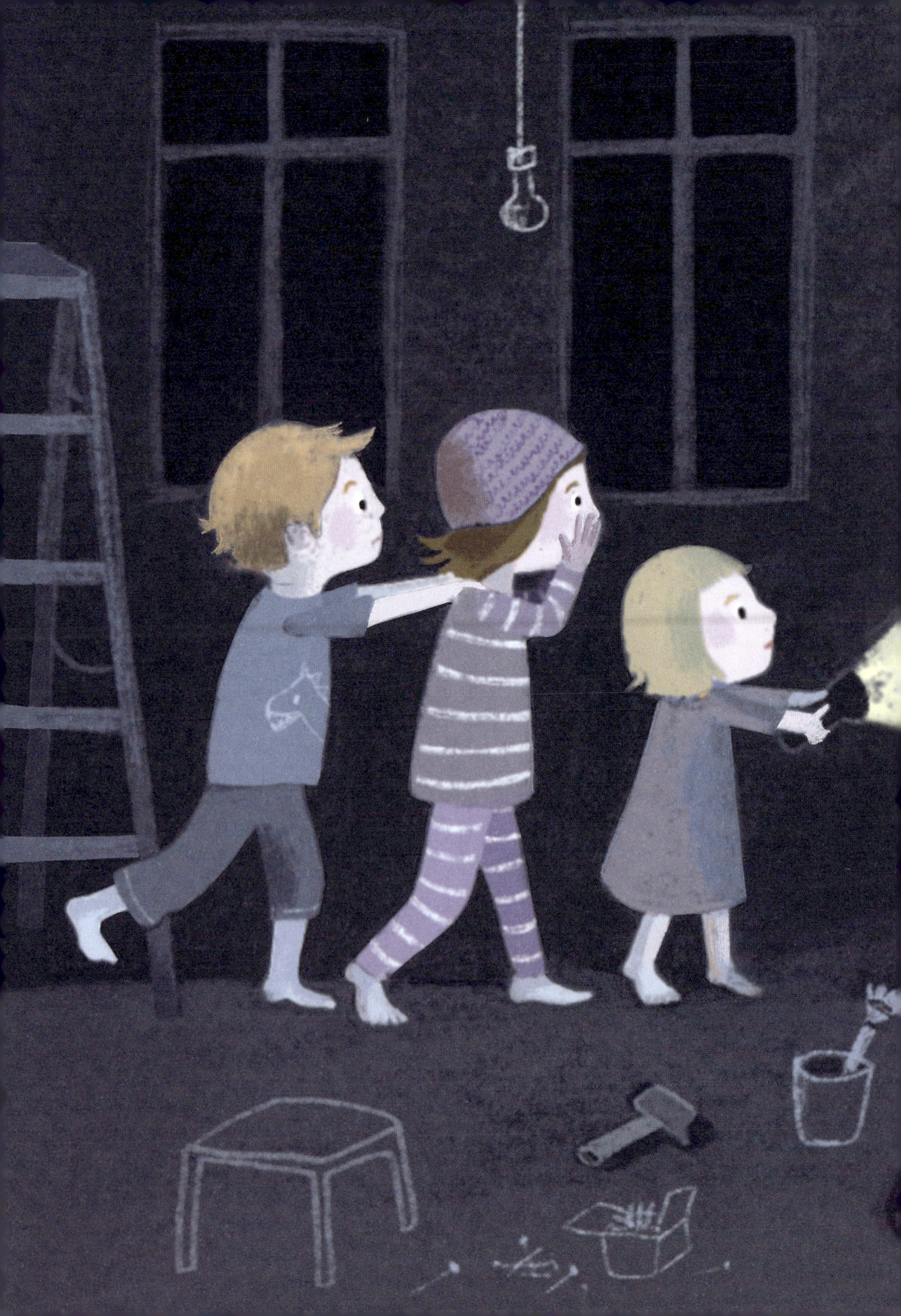

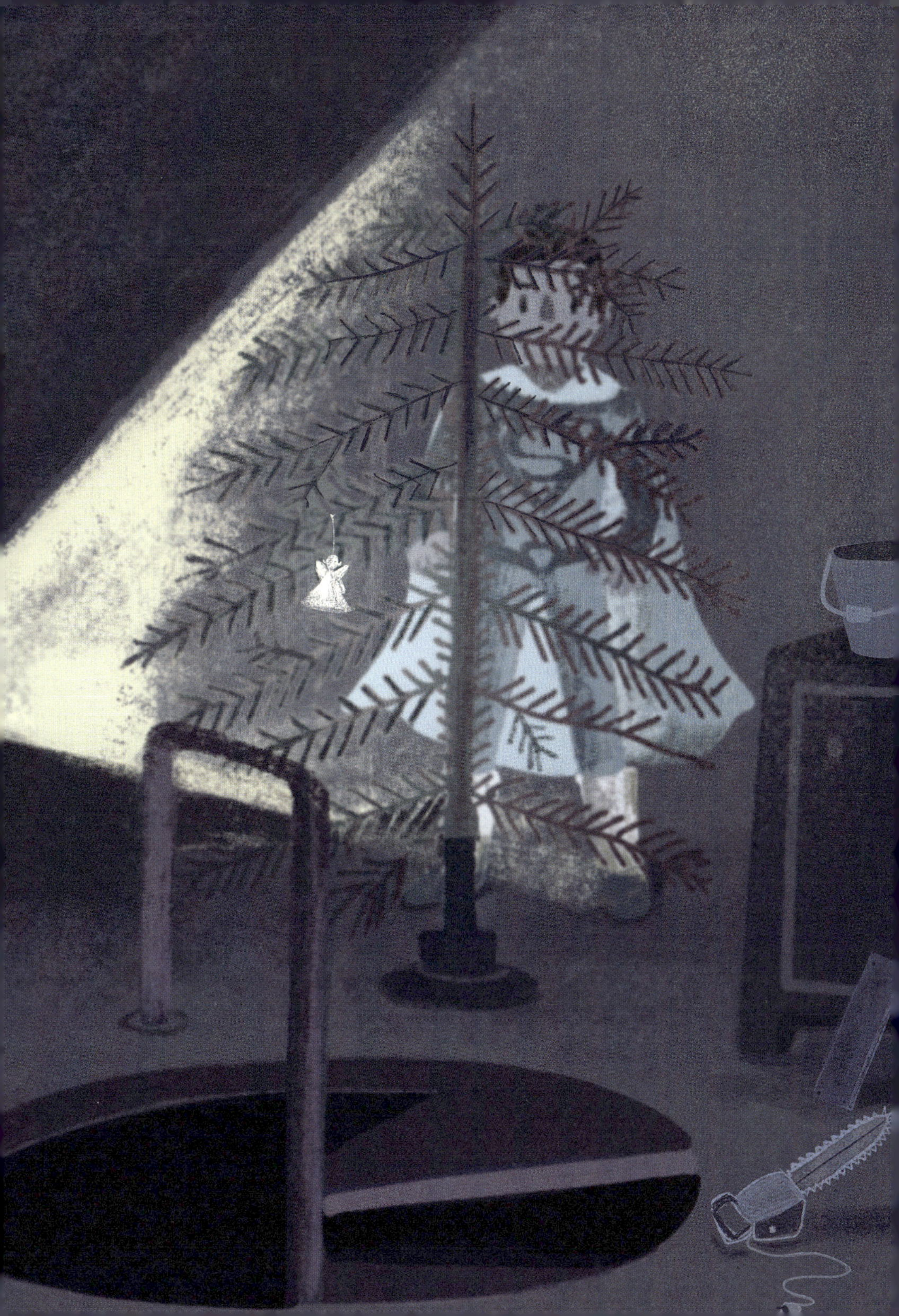

Augen ein wenig an die Dunkelheit gewöhnt hatten, holte ich ganz tief Luft und ging einen Schritt auf das Monster zu. Keine Ahnung, wo ich plötzlich den Mut hernahm, aber ich streckte die Hand aus und berührte einen der stacheligen Arme. Er bewegte sich nicht, er zwickte mich nicht.

„Ich glaube, es ist ein Baum", flüsterte ich.

„Ein Baum? Im Zimmer?" Niklas bewegte sich kein Stückchen, Lea versteckte sich hinter ihm.

Da erkannte ich es plötzlich ganz genau: „Es ist ein Christbaum! Aus Plastik!"

„Es ist noch gar nicht Weihnachten und außerdem sind Christbäume nicht aus Plastik." Lea hatte ihre Stimme wiedergefunden, und wie immer war sie anderer Meinung.

„Ist es aber. Schau doch." Sogar ein kleiner Engel hing an einem der Zweige. Wir mussten lachen und gingen ein Stück näher. Und dann schrien wir alle drei gleichzeitig auf. Hinter dem Plastikchristbaum stand ein Mann in einem rotblauen Anzug und starrte uns an! Wir rannten aus dem Zimmer und stolperten die steile Treppe nach unten. Niklas schluchzte laut, Lea schrie wie am Spieß und ich war ganz still und rutschte auf dem Popo die Stufen hinunter. Zum Glück war da mein Papa! Er fing mich auf und ich presste mein Gesicht in seinen Pullover.

„Was ist denn los, Toni? Was macht ihr überhaupt da oben? Haben wir nicht gesagt, es ist gefährlich?"

„Es ist auch gefährlich", schluchzte ich. „Da oben wohnen Monster. Da steht ein großer Mann im Pyjama hinter einem Baum!" Ganz schlecht war mir, niemals würde ich in diese Wohnung ziehen. Meine Eltern konnten alleine da leben, ich würde bei Niklas und Lea bleiben, bis ich groß war und ausziehen konnte.

„Den Mann gehen wir uns mal anschauen", Papa stellte mich auf den Boden, nahm meine Hand und zog mich in Richtung Wendeltreppe. „Kommt ihr mit?", fragte er, aber Niklas und Lea schüttelten nur den Kopf und versteckten sich hinter ihren Eltern.

Papa und ich kletterten wieder rauf, ich blieb ganz dicht bei ihm. Oben öffnete Papa einen kleinen grauen Kasten an der Wand und drückte zwei Schalter. *Klack* machte es und plötzlich war es in der ganzen Wohnung hell.

„Das sind Sicherungen", erklärte Papa. „Wenn die ausgeschaltet sind, ist der Strom in der weg, dann gibt es auch kein Licht."

„Okay", sagte ich und spähte an Papas Hosenbeinen vorbei, ob der Mann mit dem blauroten Anzug vielleicht schon aus dem hinteren Zimmer käme. Jetzt, wo es hell war, war es gar nicht mehr so gruselig und ich traute mich weiter nach hinten. Der Plastikchristbaum sah nun aus wie ein Plastikchristbaum. Ein bisschen zerzaust und staubig, aber eindeutig ein Christbaum aus Plastik.

„O Tannenbaum, o Tannenbaum, wie grün sind deine Blätter", sang ich leise und Papa brummte gleich mit. Doch dann begann er zu kichern:

„Und hier hast du deinen Mann im Pyjama!" sagte er und zog ein großes Stück Pappkarton hinter den verstaubten Zweigen hervor. „Darf ich vorstellen: *Superman*."

Superman war ein Superheld, der konnte fliegen und alle retten, das wusste ich. Aber wie ein Held sah der Pappkarton nicht aus. Er war ganz flach und der blaurote Anzug erinnerte mich aus der Nähe mehr an einen Skianzug. Nun war er gar nicht mehr so gruselig, eher ein bisschen albern.

„Der stand sicher mal im Schaufenster der Buchhandlung, die hier früher war", sagte mein Papa und nahm *Superman* in den Arm. Das sah sehr lustig aus und ich stupste die Pappfigur ein wenig an.

„Magst ihn für dein Zimmer aufheben oder schmeißen wir ihn ins Altpapier?"

„Altpapier. Sonst schlafen Niklas und Lea nie bei mir."

Ein weißer Drache im Büro

Eigentlich stimmt es doch, dass wir in einer Buchhandlung leben, denn auch unsere Wohnung ist voller Bücher. Im Wohnzimmer, im Esszimmer, im Flur. Dann noch ein kleines Regal im Schlafzimmer, in der Küche eines mit Kochbüchern und ein Regal mit all meinen Bilderbüchern in meinem Zimmer. Bei uns liegen sogar am Klo Bücher. Eines von Papa, eines von Mama, und für mich hängt eine kleine Tasche am Klopapierrollenhalter, da sind meine Pixibücher drin.
Wenn ich am Abend schlafen gehe, liegt links von mir mein Kuschelhase Jojo und rechts eines meiner Lieblingsbilderbücher.

Wahrscheinlich konnte ich deswegen auch ziemlich früh lesen. Wenn überall Bücher herumstehen, ist es wohl normal, dass man die auch irgendwann lesen kann. Kinder, die auf einem Pferdehof leben, verstehen ja auch Pferdesprache, und wenn Mama und Papa den ganzen Tag Klavier spielen, kann das Kind das irgendwann auch. Einfach so.

Und seit ich sprechen kann, habe ich nach Buchstaben gefragt: „Mama, was ist das da auf der Milchpackung?"

„Papa, was steht da so groß auf der Zeitung?"

„Was ist das für ein Buchstabe?"

Eigentlich ist es ja nicht schwierig! Es gibt nur sechsundzwanzig Buchstaben, damit kannst du ein ganzes Bücherregal durchlesen. Oder ein paar Buchstaben mehr, denn es gibt ja noch Ä, Ö, Ü und so ein komisches S, das scharfe S, ß. Wenn man sie alle richtig gut kann, muss man sie aneinanderreihen, das ergibt dann ein Wort.

Zuerst heißt es P – O – S – T, aber wenn man das ganz oft hintereinander sagt, dann steht da plötzlich ein Wort:

Post. Oder B – E – T – T, wenn man es ganz schnell sagt, wird es von selber zum Wort *Bett*. Okay, das ist ein einfaches Wort, es gibt auch viel schwierigere. Drache, Krokodil, Suppentopf. Aber trotzdem: Man muss sich nur diese dreißig Zeichen merken und schon

44

kann man alles lesen. Ich war ziemlich aufgeregt, als ich das entdeckt hatte.

Immer wieder nahm ich mir meine alten Bilderbücher und begann zu lesen. Zum Beispiel *Die kleine Raupe Nimmersatt*. Das mit der Raupe ist ein bisschen gemein. Die Buchstaben sind ja ganz leicht. Ein R, ein A, ein U, ein P und ein E. Aber wenn man A und U zusammenschreibt, dann heißt das nicht A-U, sondern AU. So wie: „Au, ich hab mir das Knie aufgeschlagen!"
Warum das so ist, kann mir niemand erklären. Aber man gewöhnt sich schnell daran, wenn man es mal weiß. Und bald konnte ich auch so schwierige Wörter wie *Nachts* oder *Mondschein*.

Nachts, im Mondschein, lag auf einem Blatt ein kleines Ei, stand da und ich schaute mir das Ei an und den Mond und das Blatt und den Baum und … Es war ein Wunder, wirklich! Plötzlich konnte ich es irgendwie doppelt sehen: einmal das Bild und einmal die Wörter.

Jetzt bin ich in der zweiten Klasse und meine alten Bilderbücher sind mir zu langweilig. Die Conni-Bücher für die Großen hab ich inzwischen auch gelesen, aber so toll fand ich sie nicht. Als ich klein war, wünschte ich mir nichts mehr als eine Mama, wie Conni sie hat: eine Mama, die immer Zeit hat. Die den ganzen Nachmittag mit mir bastelt, mit mir zum Eislaufen geht oder am Beckenrand steht, während ich mein Seepferdchen-Abzeichen mache. Meine Mama hat keine Zeit für so etwas, denn sie muss ziemlich viel arbeiten und Basteln macht ihr sowieso keinen Spaß. Zum Schwimmen und Eislaufen gehe ich mit meinem großen Bruder, denn der ist zum Glück nach dem Schuljahr wieder zu uns gezogen.

Dass meine Eltern fast immer in der Buchhandlung sind, macht mir nichts aus, denn ich *liebe* die Buchhandlung! Meistens vergesse ich, dass die Buchhandlung nicht einfach nur ein gemütliches Zimmer mit vielen Büchern ist, sondern ein Geschäft, in das fremde Menschen reinkommen und etwas kaufen können. Wie ein Supermarkt oder das große Kaufhaus, in dem wir unsere Kleider besorgen.

Nach der Schule sitze ich oft in der Buchhandlung und lese in Büchern, die ich mir ausgeliehen habe. Natürlich weiß ich den Unterschied zwischen einer *Bücherei* und einem *Buchgeschäft*. In einer *Bücherei* kann ich mir Bücher *ausleihen*, die lese ich und gebe sie dann wieder zurück, damit sie ein anderes Kind ausleihen kann. Und obwohl wir eine eigene Buchhandlung haben, muss ich mir manche Bücher trotzdem aus der Bücherei borgen. Zum Beispiel *Das Magische Baumhaus* oder *Die drei ???*, die vielen Bände habe ich so schnell gelesen, die darf ich mir nicht aus der Buchhandlung nehmen. Nur ein Buch, das man für immer besitzen möchte, kauft man. Oder eines, das so schön ist, dass man es ein zweites Mal liest oder verschenkt.

Ich weiß genau, wie man ein Buch aufschlägt, damit man nicht erkennt, ob es schon jemand gelesen hat. Eigentlich hatte Papa mir ja versprochen, dass ich jedes Buch, das ich mir wünsche, haben kann. Aber es gibt trotzdem Bücher, die ich nicht bekomme. Die leihe ich mir heimlich aus der Buchhandlung und dann verstecke ich mich damit im großen Lesesessel, der dort steht.

„Das ist noch nichts für dich", sagt meine Mama.

„Dafür bist du noch zu klein", sagt mein Papa.

„Wenn du das liest, dann fürchtest du dich so, dass du die ganze Nacht nicht schlafen kannst", sagt mein großer Bruder. Wenn die wüssten.

Die beste Zeit fürs heimliche Lesen ist der späte Nachmittag, vor allem im Winter. Mama und Papa sind mit den Menschen beschäftigt, die schnell noch auf dem Weg nach Hause Bücher kaufen wollen. Außerdem sind sie müde und passen nicht gut auf. Dann schleiche ich mich ans Regal für die Zehn- bis Zwölfjährigen. Einmal hab ich mir auch etwas für Vierzehnjährige genommen, das sind fast schon erwachsene Kinder. Nie wieder! Das war mit Liebe und Küssen und ... das kann ich gar nicht erzählen. *Das* finde ich gruselig.

Draußen ist es schon dunkel, vor einer Ewigkeit hat Mama gesagt, dass wir gleich raufgehen und kochen, aber jetzt sind so viele Leute im Geschäft, dass sie mich ganz vergessen hat, und ich lese weiter. Das Buch ist sehr, sehr dick, und ich verstehe vielleicht nicht alles. Und es ist unheimlich. Ich krieche immer tiefer in den Lesesessel.

Da hinten! Da, wo es ins dunkle Büro geht, da war doch gerade was! Es ist reingehuscht und war riesig groß und weiß! Wieso tun die Erwachsenen nichts? Da ist ein Drache ins Büro geschlichen, ganz sicher, ich hab's gesehen.

„Toni?"

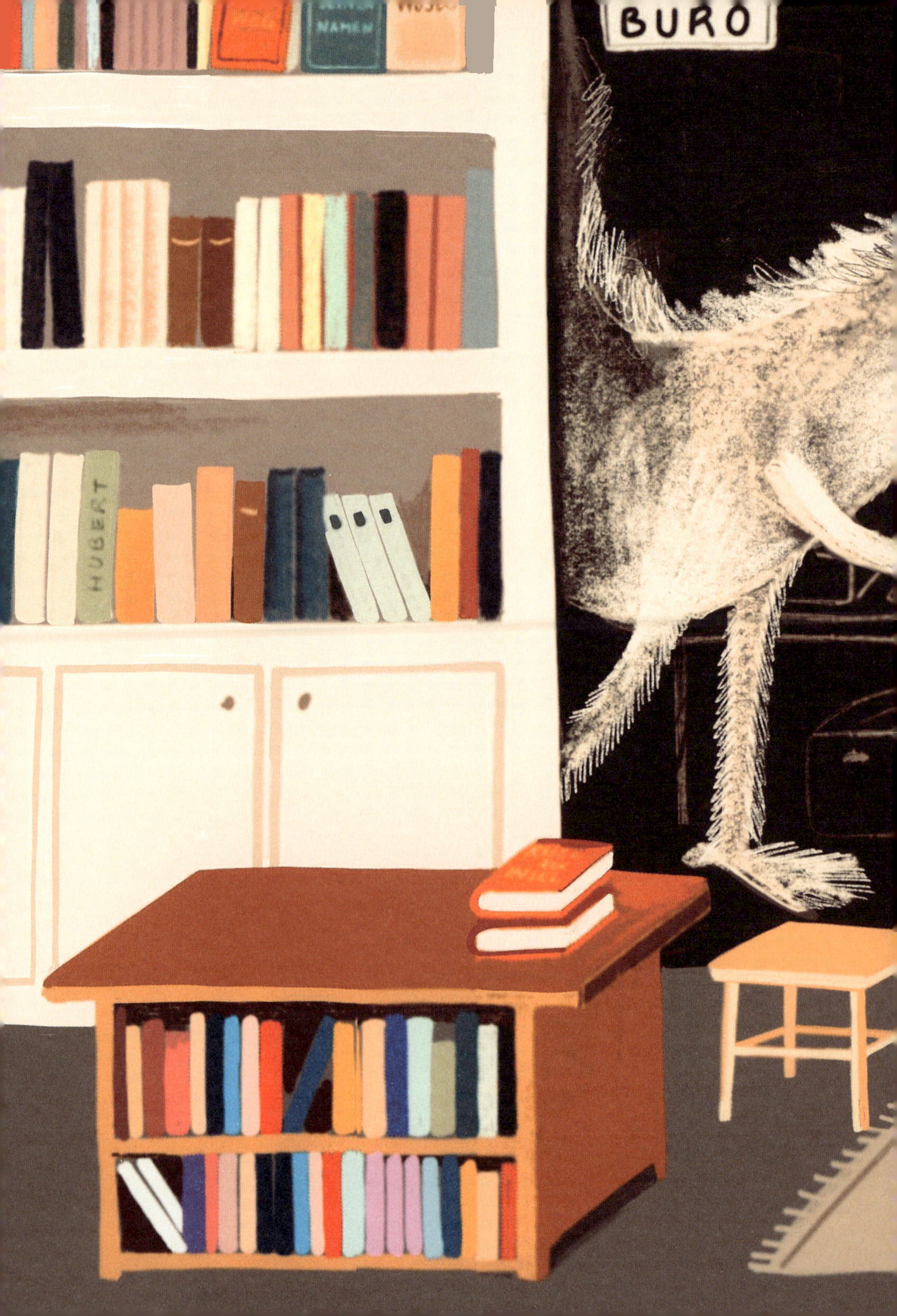
BURO
NAMEN
HUBERT

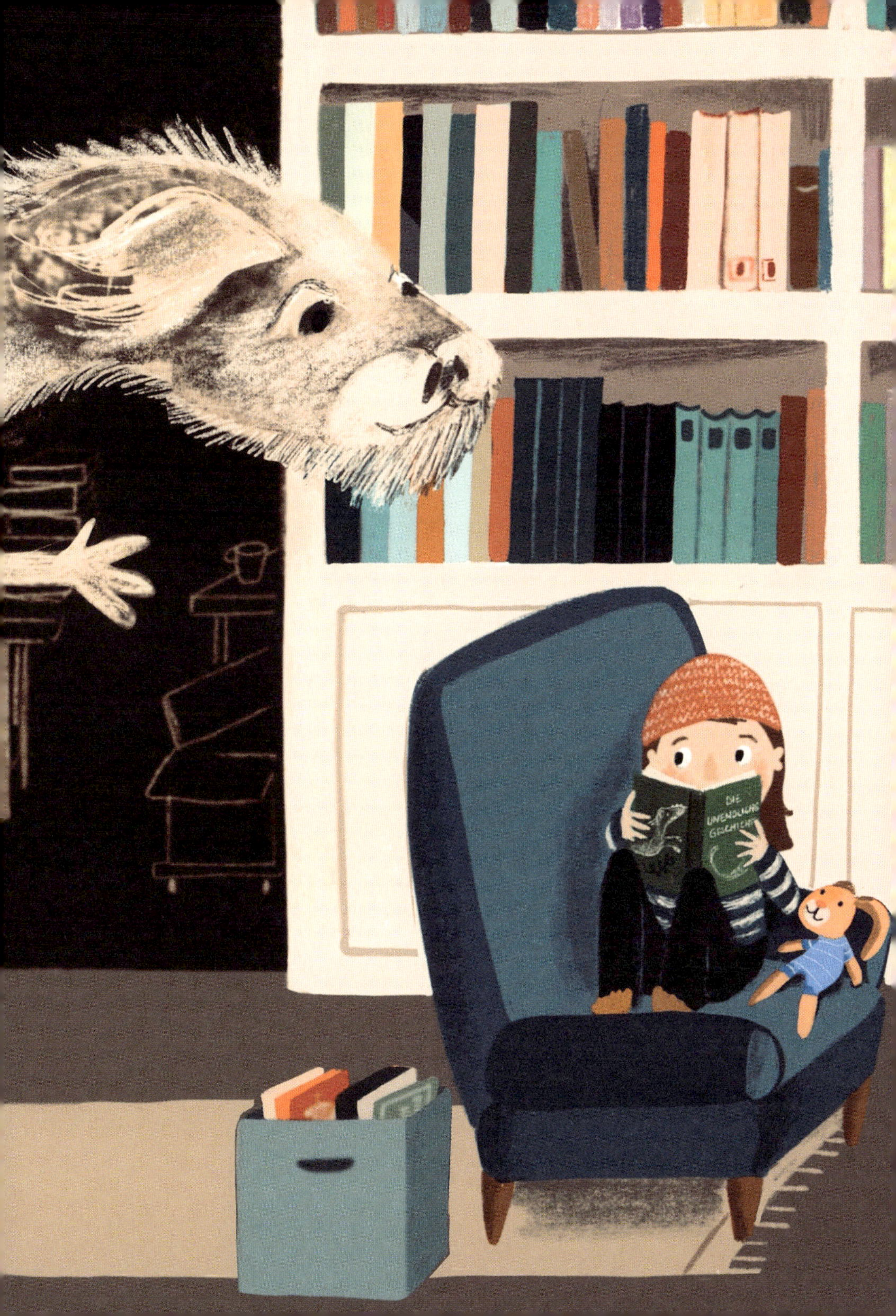
DIE
UNENDLICHE

„Ja, Papa!"

„Was liest du da?"

Ich schlage das dicke Buch zu und will es ganz schnell zurück ins Regal stellen. Ich glaub, ich mag es nicht.

„Zeig her!" Papa versucht, streng zu schauen, das kann er nicht gut.

„*Die unendliche Geschichte*!" ruft er. „Dazu bist du viel zu jung!"

„Ich bringe es eh schon zurück." Ich stelle mich auf Zehenspitzen und schiebe es in eines der oberen Regale.

„Komm, wir gehen rauf. Heute gibt es Palatschinken." Papa versucht immer, Österreichisch zu reden, bei ihm heißt das eigentlich *Pfannkuchen*. Er nimmt mich auf den Arm, obwohl ich dafür viel zu groß bin. „Und hast du schon den weißen Drachen getroffen?"

„Welchen?" Ich verstecke mich an Papas Schulter und blinzle ein bisschen. Ob sich der Drache unterm Tisch verkrochen hat?

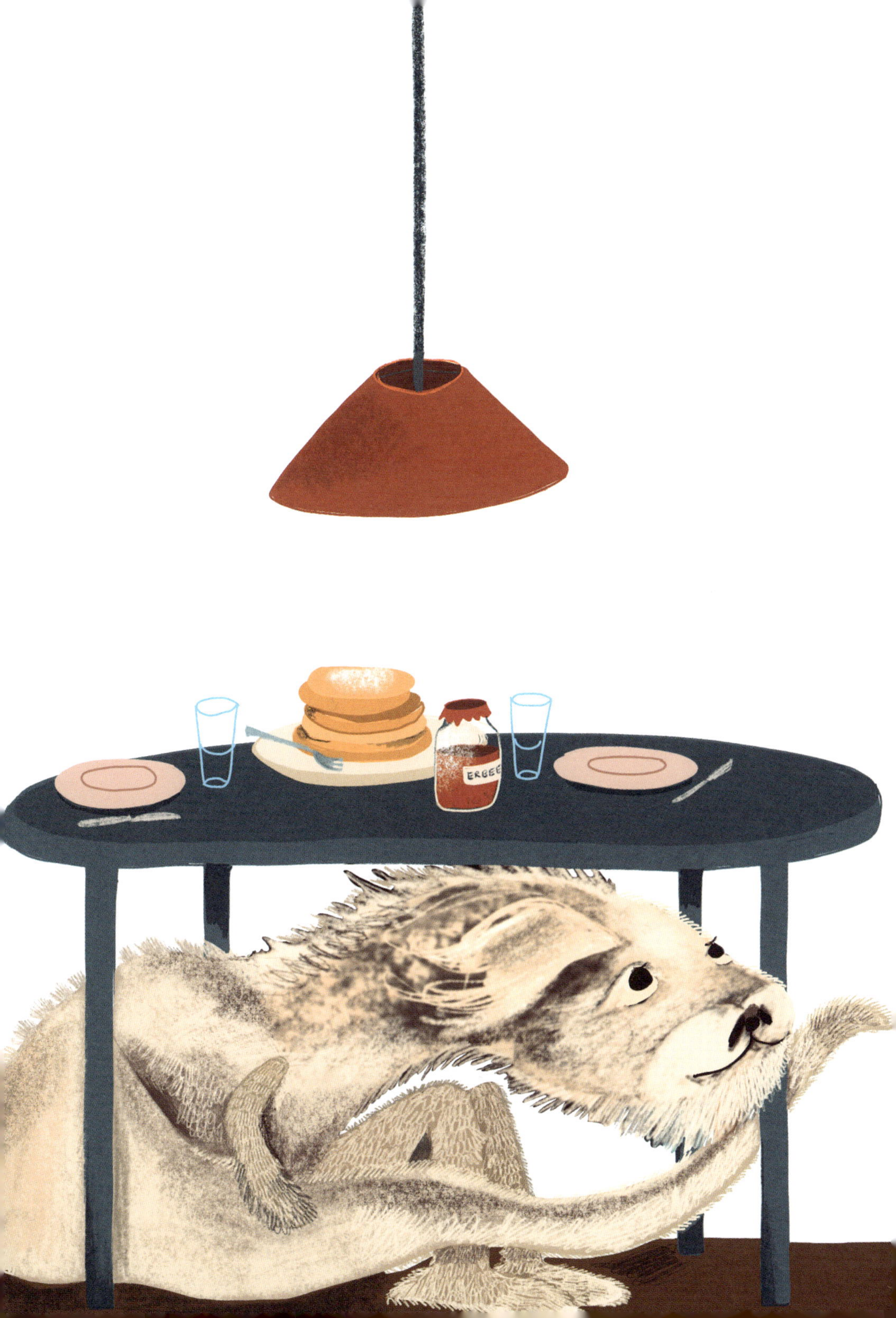
ERBEE

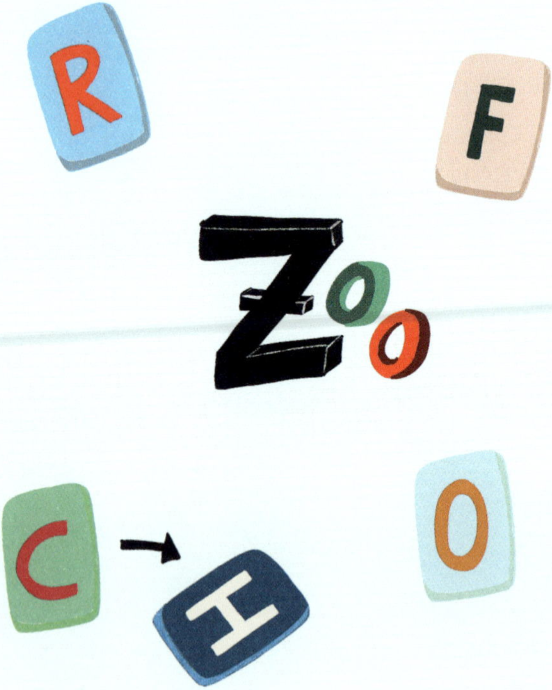
R
F
Zoo
C
H
O

Wohnt das Personal auch bei uns?

Damals, am allerersten Tag, als die Buchhandlung eröffnet hatte, stand plötzlich Eva vor der Kassa und hat gefragt, ob sie hier arbeiten könnte. Mama und Papa hatten eigentlich vorgehabt, alles ganz alleine zu machen. Aber schon am ersten Tag waren so viele Leute da, die Bücher kaufen wollten, da haben sie sofort Ja gesagt.

Eva war gar keine Buchhändlerin, aber sie wollte es lernen. Deswegen arbeitete sie nur an drei Tagen in der Woche bei uns im Geschäft und dazwischen musste sie in eine Schule gehen. So wie ich, obwohl sie schon erwachsen war. In so einer Schule kann man lernen, wie man Buchhändlerin wird. Man lernt Dinge wie: Kassa machen, Schaufenster dekorieren, Abholfach einräumen. Mir ist nicht ganz klar, warum man dafür zwei Jahre zur Schule gehen muss, ich wusste ja auch ganz schnell, wie das geht.

An den Nachmittagen, an denen Eva arbeitet, bin ich besonders gerne in der Buchhandlung, denn Eva liebt Kinderbücher! Wir haben allerdings einen recht unterschiedlichen Geschmack: Eva liebt Glitzer-, Prinzessinnen-, und Einhornbücher. Ich mag lieber spannende Abenteuer oder Bücher, in denen erzählt wird, wie Kinder in anderen Ländern leben.

Manchmal sind wir so vertieft, dass Eva gar nicht bemerkt, wenn ein Kunde etwas von ihr braucht. Dann schaut meine Mama streng, Eva arbeitet weiter und ich verkrieche mich in den Lesesessel.

Eines Tages sagt meine Mama beim Abendessen: „Das geht so nicht weiter! Wir arbeiten zu viel."

„Aber sei doch froh, dass so viele Leute kommen", meint Papa und klatscht uns allen eine Riesenportion Kartoffelbrei auf die Teller. In Österreich heißt das übrigens ganz anders: Erdäpfelpüree.

„Ich kann euch doch helfen! Ich muss doch nicht in die Nachmittagsbetreuung gehen. In der Buchhandlung ist es eh viel spannender."

„Na, du hast Ideen! Und wann machst du deine Hausaufgaben? Und außerdem sollst du nicht mit vollem Mund sprechen!" Papa ist nicht so gut gelaunt und ich bin ein bisschen beleidigt.

„Wir brauchen mehr Personal", sagt Mama und trinkt einen Schluck Wein.

„Mama, was ist Personal?", frage ich.

„Jemand, der bei uns arbeitet und dafür von uns Geld bekommt. So wie Eva."

„Kann das Personal dann auch bei uns wohnen?"

„Nein, das wäre ja noch schöner", lacht Mama.

„Das wäre aber praktisch."

„Na, ich weiß nicht. Ich finde es schon schön, dass wir auch manchmal alleine sind. Du, Papa, Jan und ich."

„Aber nett muss es schon sein, das Personal, oder?"

„Total nett", sagen beide wie aus einem Mund und dann bemerkten sie, wie spät es ist und dass ich schon längst im Bett sein müsste.

Bald sitzen fast jeden Nachmittag fremde Menschen in unserer Küche, trinken mit Mama oder Papa Kaffee und unterhalten sich. Ich verstehe zwar nicht alles, aber ich habe kapiert: Diese Menschen sind das *Personal* und die Treffen nennt man *Bewerbungsgespräche*.

Immer wenn ich zu Hause bin, spaziere ich in die Küche, nehme mir ein Glas Saft und stibitze einen von den Keksen, die auf dem Tisch stehen. Dann tue ich so, als würde ich in eines meiner Hefte schauen, um Hausaufgaben zu machen.

„Geh doch in dein Zimmer", sage Mama, „hier kannst du dich doch gar nicht konzentrieren."

„Ich kann mich ganz wunderbar konzertieren", sage ich und versuche, die Person an unserem Küchentisch unauffällig anzuschauen. Schließlich weiß ich schon seit ich fünf bin, dass man fremde Menschen nicht anstarren darf.

Es sind Männer und Frauen und auch einige, bei denen man es nicht genau erkennen kann. Dicke und dünne und ältere und ganz junge. Manche von ihnen sitzen steif auf dem Küchensessel und trinken nicht einen einzigen Schluck Kaffee, andere lümmeln herum und futtern alle Kekse auf.

Einige bemerken mich gar nicht richtig oder tun zumindest so. Andere reden mit mir in diesem Babytonfall. „Wer bist du denn? Arbeitest du auch schon fleißig mit?", fragen sie mit hohen Stimmen. Und dann kommt die blödeste Frage überhaupt: „Und? Liest du auch so gerne?"

Einmal habe ich darauf gesagt: „Wenn du bei uns als *Personal* anfängst, dann kannst du gar nicht mehr lesen, weil du so viel arbeiten musst."

Die Frau war aber auch doof, hat mir beim Reinkommen über den Kopf gestrichen und den halben Keksteller leer gegessen.

Als sie wieder weg war, hat meine Mama geschimpft und gesagt: „Wenn du das noch einmal machst, dann darfst du nie wieder dabei sein, beim Personalaussuchen." Ich darf nicht mal genervt die Augen verdrehen, hat sie gemeint. Also hab ich danach immer nur ganz brav meinen Namen gesagt und „Ja" oder „Nein".

Und dann ist plötzlich Anna da. Sie sitzt genau richtig auf dem Sessel, nicht zu schief und nicht zu gerade. Sie trinkt genau eine Tasse Kaffee und isst zwei Kekse. Sie unterhält sich mit meiner Mama, als würden sie sich immer schon kennen. Aber das Beste an ihr ist: Sie redet mit mir. Einfach so. Über ganz normale Dinge wie zum Beispiel, ob man Gemüse mag. Sie erzählt mir, dass sie niemals Brokkoli isst, und ist ganz erstaunt, dass ich Paprika nicht ausstehen kann.

Mama muss wieder runter ins Geschäft und sagt, sie werde Anna in ein paar Tagen anrufen.

Ich hole mein neues Stickerheft aus der Tasche, eines mit Pferden und Ponys, und zeige es Anna: „Kennst du das?"

Sie lacht, und dann beginnen wir die richtigen Sticker zu suchen, sitzen ewig am Küchentisch und kleben es fast voll. Und irgendwann zwischen den Islandpferden und den Shetlandponys erzählt sie mir, dass ihr Kind genauso alt ist wie ich und damit ist es klar. Die Anna wird unser neues Personal. Und ihre Tochter heißt auch noch Ronja, wie die Räubertochter, von der Papa und Mama vorgelesen haben. Vielleicht ist die Ronja von Anna auch so mutig wie die Ronja in der Geschichte und wir könnten in eine Bärenhöhle ziehen?

Eines ist klar: Ronja wird meine Freundin.

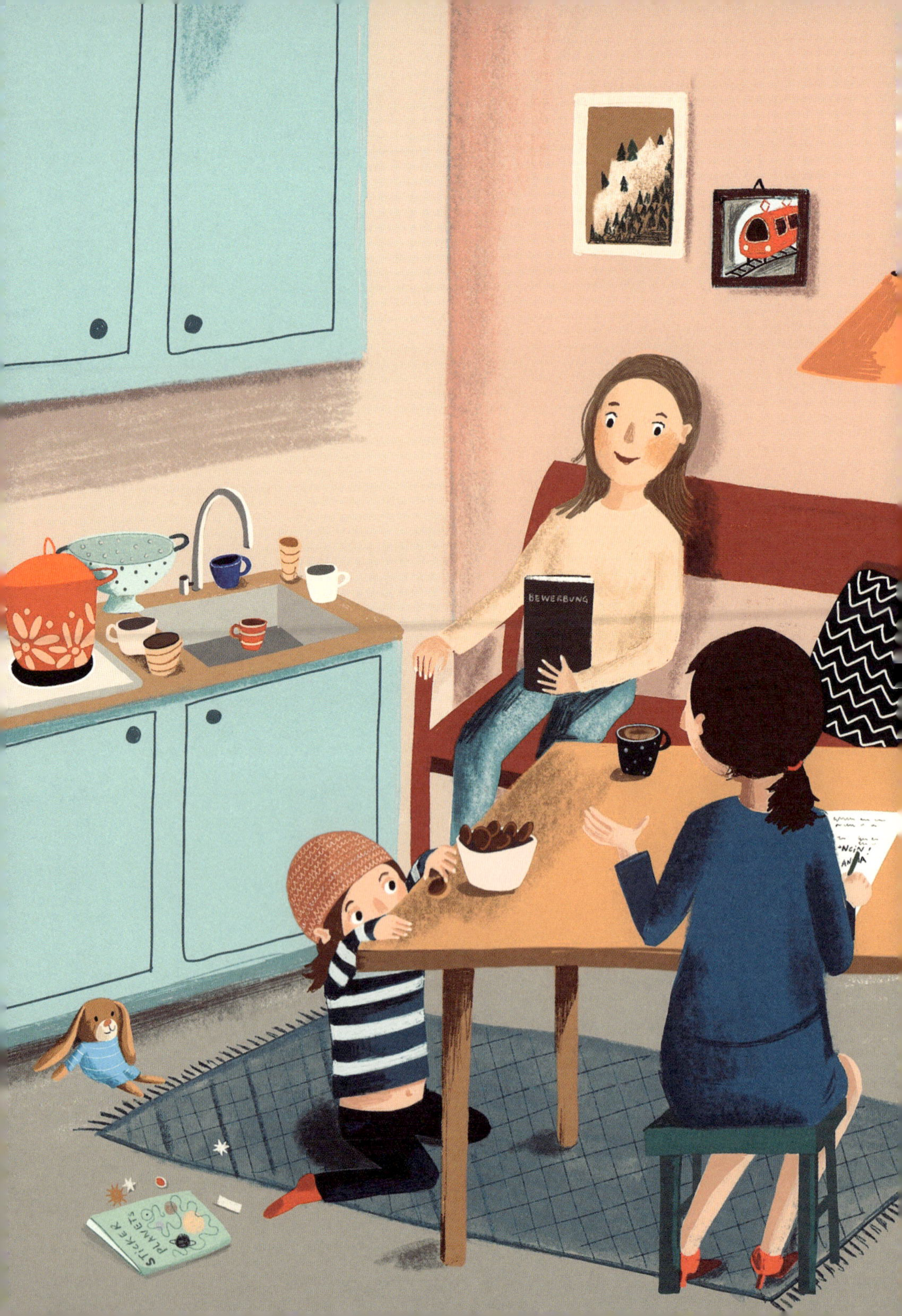
BEWERBUNG
STICKER PLANETS

Wir sind megareich!

Jeden Abend müssen meine Eltern *Kassa* machen. In Österreich heißt *Kasse* übrigens *Kassa*. Und *Kassa machen* bedeutet, das ganze Geld, das man tagsüber verdient hat, zu zählen. Man muss kontrollieren, ob wirklich so viel Geld da ist, wie in die Kassa eingetippt wurde. Das heißt, wenn jemand ein Buch für zehn Euro gekauft hat, meine Mama aber aus Versehen hundert Euro eingetippt hat, dann fehlen am Abend neunzig Euro in der Kassa. Dann rauft Mama sich die Haare, zählt alles noch einmal und noch einmal und schließlich ruft sie mich und Papa. Mama kann viel, aber zählen und rechnen – das kann sie gar nicht.

Ich kann das aber richtig gut und deswegen liebe ich es, beim Kassamachen zu helfen.

Zuerst zähle ich alle Hunderteuroscheine. Wenn ich davon zehn Stück habe, lege ich sie auf einen Stapel, dann sind das tausend Euro. Und dann alle Zehneuroscheine, zehn Stück davon sind hundert Euro. Am Schluss wird alles zusammengezählt, die Scheine kommen in einen Umschlag, den wir auf die Bank tragen. Mein Papa steckt das ganze Geld in eine große Maschine, die zählt so schnell, da kann man unmöglich mitzählen. Dann ist alles weg.

„Papa, warum müssen wir der Bank immer so viel Geld geben?", frage ich.

„Wir geben das gar nicht der Bank", lacht er. „Wir zahlen es auf unser Konto ein und die Bank hebt es für uns auf."

„Wow! Jeden Abend so viel Geld! Dann sind wir ja megareich!"

„Leider sind wir nicht megareich."

„Warum nicht?"

„Na ja, weil wir von diesem Geld alles bezahlen müssen."

„Was alles?"

Und dann zählt er auf, was wir alles bezahlen müssen, und mir wird ganz schwindelig.

Die Miete für das Geschäft. Den Strom für das Licht und die Computer. Das Geschenkpapier, in das wir die Bücher manchmal einpacken. Das Klopapier. Jeden einzelnen Kugelschreiber. Und die Leuchtstifte, mit denen ich so gerne male.

„Ja, aber das ist nur ein Teil", sagt Papa. „Einen großen Teil bekommen auch Eva und Anna."

„Aber warum? Es ist doch unsere Buchhandlung!" So langsam mache ich mir Sorgen, dass gar nichts mehr übrigbleibt von dem vielen Geld. Dabei wünsche ich mir doch schon so lange den großen, kuscheligen Stoffhund aus dem Spielwarengeschäft neben der Bank.

„Ja, da hast du recht. Aber weißt du, die arbeiten ja hier.

Und dafür bekommen sie Geld von uns. Damit sie ihre Miete zahlen können, und essen müssen sie, und manchmal möchten sie auch auf Urlaub fahren."

„Bleibt dann von dem ganzen Geld gar nichts mehr übrig?"

„Natürlich bleibt was übrig. Aber was ich noch vergessen habe: Wir müssen auch die Bücher, die wir im Geschäft haben, bezahlen."

„Echt? Bei wem müssen wir die bezahlen?"

Inzwischen sind wir auf der Bank fertig, die Maschine hat alle Scheine geschluckt und einen kleinen Zettel ausgespuckt.

„Na ja, weißt du, wenn jemand ein Buch schreibt, dann bekommt die Person auch Geld dafür. Und auch die Person, die die Bilder malt. Und ein Verlag, der das Buch druckt und kontrolliert, dass keine Fehler drin sind, und dafür Werbung macht, der braucht auch Geld. Und der nette Mann mit dem großen Lieferwagen, der uns jeden Tag die bestellten Bücher bringt, der muss auch Miete zahlen und sein Essen und Benzin für sein Auto."

Jetzt wird mir das alles ein bisschen zu viel. So viele Leute müssen mit einem Buch Geld verdienen. Ein Buch ist ja gar nicht teuer. Zumindest nicht so teuer wie der süße Stoffhund, der mich mit sehnsüchtigen Augen anschaut, als wir am Spielzeuggeschäft vorbeigehen. Aber den werde ich wohl nie bekommen, wenn allen anderen unser Geld gehört.

KAKERLAK
WOLLEN SIE EIN SACKERL?
KASSA
ELTERN!
2023
SCHWEDEN
WIR PACKEN IHR BUCH ALS EIN!
BOOKS BOOKS
FLUGANGST

Manchmal stehe ich auch an der Kassa. Das darf ich aber meiner Lehrerin nicht erzählen, denn das wäre Kinderarbeit. Und die ist auf der ganzen Welt verboten. Es gibt aber trotzdem Kinderarbeit. Einmal habe ich ein Buch gelesen, da ging es um einen armen Buben, der hatte ganz viele Geschwister und keinen Papa mehr. Deswegen musste er arbeiten gehen. Den ganzen Tag hat er in einer Fabrik T-Shirts genäht, obwohl er erst elf war. Seitdem frage ich immer, wenn ich ein T-Shirt oder eine Hose bekomme, ob das auch ganz sicher kein Kind genäht hat.

Aber was ich mache, ist keine Arbeit, denn es macht Spaß. Ich stehe hinter der Kassa und scanne die Etiketten der Bücher. Ich sage laut und deutlich den Preis und danach „bitte". Meine Mama hat gesagt, man muss immer „bitte" sagen, sonst ist es unhöflich. Manche Kunden sehen mich zuerst nicht, weil ich fast hinter dem Kassentisch verschwinde. Und ich frage auch immer: „Wollen Sie ein Sackerl?" Zuerst fand ich das Wort *Sackerl* so lustig, dass ich immer kichern musste. *Sackerl* sagt man in Österreich zu einer *Tüte* und wenn man *Tüte* sagt, schauen einen die Leute in Wien ganz komisch an.

An der Kassa muss man total gut aufpassen, dass man das Wechselgeld richtig zurückgibt. „Immer von unten nach oben", hat Papa mir erklärt und der muss es wissen, denn er ist schon ganz lange Buchhändler.

Wenn also das Buch 12 Euro 40 kostet und die Dame auf der anderen Seite des Ladentisches mir einen 50 Euro Schein gibt, dann zähle ich von unten nach oben:
60 Cent auf 13 Euro. 2 Euro auf 15 Euro. 5 Euro auf 20 Euro. 30 Euro auf 50 Euro.

Eigentlich ist es recht einfach, aber die Kunden sind doch immer ganz überrascht, wenn es stimmt. Dann rufen sie: „Du bist aber tüchtig! Kannst schon so gut rechnen! Und musst du Mama und Papa beim Arbeiten helfen?"

Nein, ich *muss* nicht, ich *will* Mama und Papa beim Arbeiten helfen, das macht nämlich Spaß. Und rechnen kann ich gut, auch wenn meine Mama sagt, sie kann gar nicht glauben, dass ich ihr Kind bin. Bin ich aber und ich schau ihr auch ähnlich. Aber dem Papa auch, und der kann richtig gut rechnen.

Ostereier, Gespenster und ein Nudelsieb

Manchmal finde ich es richtig schade, dass ich in die Schule gehen muss. Und danach auch noch in die Nachmittagsbetreuung. Also, Schule ist ja nicht schlecht und auch am Nachmittag ist es ganz okay, ich würde aber lieber öfter in der Buchhandlung sein.

Wenn Mama sagt: „Heute machen wir Schaufenster", dann freue ich mich besonders, ich liebe *Schaufenstermachen*. Natürlich *machen* wir kein Schaufenster, wir haben ja schon welche. Schaufenster sind die großen Fenster, die jedes Geschäft hat, damit die Menschen auch von draußen sehen können, was es alles zu kaufen gibt. Und dann fällt ihnen ein, dass sie ganz dringend ein Buch brauchen. Oder eines für ihre Kinder oder Enkel. Direkt vor der Buchhandlung ist eine Straßenbahnstation, da stehen besonders oft Leute und schauen in unsere Fenster, wenn sie auf die Straßenbahn warten. Und *Schaufenstermachen* heißt, dass wir uns überlegen, welche Bücher wir hineinlegen. In einem der drei großen Fenster werden immer Kinderbücher ausgestellt, das gehört also irgendwie mir.

Mama und ich besprechen, welche Bücher man dringend herzeigen muss. Und weil die Bücher ja zusammenpassen sollten, ist das gar nicht immer so leicht. Man kann ja nicht einfach ein Babybuch neben eine Gruselgeschichte für Jugendliche stellen, und deswegen muss man da gut überlegen. Und natürlich kann man auch nicht mitten im Sommer ein Schaufenster mit Weihnachtsbüchern machen. Oder Bücher über Schwimmbad und Strand in die Auslage stellen, wenn es draußen kalt ist und alle zum Skifahren oder Eislaufen gehen.

Außerdem ist ja das ganze Jahr über was los: Ostern, Sommerurlaub, Schulanfang, Halloween, Weihnachten … Zu all dem gibt es tolle Bücher und die muss man herzeigen. Man kann aber nicht einfach nur die Bücher in ein Schaufenster legen, auch wenn sie noch so schön sind. Das wäre zwar wenig Arbeit, aber total langweilig. Deswegen muss man ein Schaufenster schmücken. Alles, was rund um die Bücher in eine Auslage kommt, nennt man *Deko*. Bevor wir die Buchhandlung gekauft haben, wusste ich natürlich auch nicht, was das Wort *Deko* bedeutet. Aber wenn meine Mama nun sagt: „Toni, kannst du dir eine Deko für das Osterfenster überlegen?", dann beginnt mein Hirn schon zu arbeiten. Niklas, Lea und ich haben einmal mindestens fünftausendzweihundert Eier ausgeblasen, einen Faden durchgezogen und sie bemalt. Na gut, so viele waren es vielleicht doch nicht, aber fast. Die Eier haben wir von der Decke des Schaufensters runterbaumeln lassen, das sah lustig aus. Aber dann sind uns drei zerbrochen und Lea hat einen Wutanfall bekommen. Papa hat schließlich die restlichen Eier aufgehängt. „Bevor noch mehr passiert", meinte er. Wir haben aus grünem Papiergras Osternester gebastelt und die Bücher reingelegt und rundherumgestellt. Als Niklas vorgeschlagen hat, ich solle meinen Jojo ins Schaufenster setzen, der sei schließlich ein Hase, bin *ich* ein bisschen wütend geworden. Meinen Lieblingsstoffhasen!

Der schläft jede Nacht bei mir im Bett. Ohne den könnte ich niemals einschlafen. Außerdem hätte der Hase ganz furchtbar Angst gehabt, so allein im Schaufenster. Vor allem in der Nacht, da ist es ja kalt und dunkel.

Es ist auch ohne Jojo schön geworden. Jeden Morgen, wenn ich zur Schule gegangen bin, stand ich ein bisschen vor dem Fenster und hab geschaut, ob keines der Eier in der Nacht abgestürzt ist.

Manchmal gibt es Wettbewerbe um das beste Schaufenster, dann geben wir uns besondere Mühe. Alle Buchhandlungen schicken Fotos von ihren Fenstern an den Verlag und der entscheidet, welches das Schönste ist.

Wenn ich erwachsen bin, schreibe ich vielleicht auch mal Bücher. Und dann fahre ich durchs ganze Land und schaue, ob in allen Schaufenstern der Buchhandlungen meine Bücher liegen!

Wir haben auch mal gewonnen, aber leider kein Fahrrad oder eine Reise nach New York. Ronja und ich hatten eine echt gute Idee und waren richtig fleißig: In unserem Schaufenster haben wir einen richtigen Apfelbaum aufgebaut und dazu Puppen von meinem Kasperletheater! Es sollte die *Omama im Apfelbaum* darstellen. Das ist ein ganz berühmtes Buch, in dem ein Bub, der keine echte Oma hat, sich vorstellt, er hätte eine. Und die beiden unternehmen dann total spannende Sachen. Das Buch ist vor ganz langer Zeit geschrieben worden, da war noch nicht mal meine Mama auf der Welt, und die ist schon ziemlich alt. Aber weil es immer noch viele Kinder gibt, die keine echte Oma haben, wird das Buch immer noch gekauft und vorgelesen.

In der Geschichte fährt die Omama ein himmelblaues Auto und reitet auf einem Tiger nach Indien. Wie toll hab ich mir das vorgestellt: Wenn wir gewinnen, fahren wir mit einem kleinen, blauen Auto durch Indien und sehen echte Tiger und Elefanten! Die ganze Zeit hab ich schon überlegt, wie wir das machen könnten. Ronja hatte mir ja geholfen und wenn wir alle nach Indien fahren würden, dann müsste ja auch Anna mitkommen. Und dann wäre Eva ganz allein in der Buchhandlung. Als der Brief vom Verlag endlich gekommen ist, konnte ich ihn vor Aufregung kaum aufmachen. Und tatsächlich haben wir den ersten Preis gewonnen! Aber leider gab es nur zwei Karten für ein Kindertheaterstück und keine Reise nach Indien.

Einmal haben Ronja und ich zu Halloween einen ganzen Abend lang kleine Gespenster aus weißen Stofftaschentüchern gebastelt, auch die wurden aufgehängt. Und einen echten, geschnitzten Kürbis hatten wir, der sah nach zwei Wochen aber gar nicht mehr schön aus.

Am liebsten hab ich die Weihnachtsauslage. Wenn die Adventzeit beginnt, hängen wir Lichterketten auf und sprühen Schneeflocken an die Scheibe. Und dann stellen wir Josef, Maria, das Jesuskind, Ochs, Esel und die Heiligen Drei Könige zu den Weihnachtsbüchern. Die sind aus unserer eigenen Krippe. Am 24. Dezember sperren wir das Geschäft immer mittags zu und alle gehen nach Hause, um Weihnachten zu feiern. Dann müssen wir die Figuren ganz schnell aus dem Fenster holen, sonst hätten wir zu Hause eine leere Weihnachtskrippe. Einmal haben wir sie vergessen und da wollte ich meine Playmobilfiguren unter den Christbaum stellen. Aber mein Bruder ist schnell runter in die Buchhandlung und hat die ganze Familie und die Tiere raufgeholt. Nur den Esel hat er aus Versehen stehenlassen, das ist uns aber erst am nächsten Tag aufgefallen.

Weil wir über der Buchhandlung wohnen, können wir alles, was wir zu Hause haben, als Deko verwenden. Das ist praktisch, so müssen wir nichts kaufen. Nur manchmal suchen wir verzweifelt nach Sachen, die doch gerade noch da waren und die wir dringend brauchen.

„Wer hat das Nudelsieb versteckt?" Mama steht mit einem großen Topf Spaghetti in der Küche und schaut sich verzweifelt um. Bis mir einfällt: Wir haben ja eine Kochbuchauslage!

Papa sucht überall seinen zweiten Wanderschuh, ich kann drei Wochen nicht Rollerfahren und Mama hat keine Yogamatte. Genau, das Fitnessfenster!

Zum Glück brauche ich Schwimmflügel und Schwimmreifen nicht mehr, und auch der Strohhut ist mir schon lange zu klein. Das alles passt super in die Sommerauslage. Nur meine Taucherbrille habe ich mir wieder zurückgeholt!

Bücher von A–Z

Die meisten Leute glauben, wenn man eine Buchhandlung hat, dann kann man den halben Tag lesen und den anderen halben Tag verkauft man an nette Leute all die Bücher, die man gelesen hat. Das ist leider gar nicht wahr. Man kann sich überhaupt nicht vorstellen, was es in einer Buchhandlung alles zu tun gibt! Zum Lesen kommt man nur am Abend oder am Wochenende, wenn man frei hat, so wie andere Leute auch.

Man muss sich immer um so viel kümmern. All die Bücher, die in den Regalen stehen, kommen ja nicht von selbst zu uns, die müssen erst bestellt werden. Und jedes Jahr werden Tausende Bücher geschrieben, die hätten gar nicht alle Platz in einer Buchhandlung. Nicht mal in einer großen. Und unsere ist ganz klein, da muss man noch viel genauer nachdenken, welches Buch man braucht und welches nicht. Allein mit allen Bänden von *Das magische Baumhaus* wäre unsere halbe Kinderbuchabteilung voll.

Es gibt viele Bücher, die haben wir gar nicht in der Buchhandlung und trotzdem will sie jemand kaufen. Vielleicht weil eine wichtige Person im Fernsehen darüber gesprochen hat oder die Nachbarin sie so toll findet. Diese Bücher werden dann bestellt und am nächsten Tag geliefert. Und dann muss man sie so wegräumen, dass man sie ganz schnell wiederfindet.

Die bestellten Bücher kommen in ein extra Regal, das nennt man Abholfach. Und sie werden nach Namen sortiert. Nach den Namen von den Leuten, die die Bücher bestellt haben.

Von A–Z, das nennt man Alphabet. Wenn du also ein Buch bestellst und du heißt *Katrin ABEL*, dann steht dein Buch ganz vorne im Regal. Wenn du aber *David ZUSER* heißt, dann steht es natürlich ganz hinten. Das klingt ganz einfach, aber man muss sehr genau aufpassen, denn das Alphabet endet ja nicht beim ersten Buchstaben. Alle, die mit A beginnen, müssen innerhalb des A wieder sortiert werden. Also: *ABEL* kommt vor *AGGER*. Das kommt vor *ATTENSSAM* und so weiter.

„Kannst du das wirklich?" Meine Mama schaut ein bisschen skeptisch.

„Natürlich kann ich das!"

Und dann stellt Papa die Kisten mit den Bestellungen vor das Abholfach und ich beginne die Bücher einzuräumen. Dabei muss man höllisch aufpassen, damit man keinen Fehler macht. Denn wenn am nächsten Tag Herr Obermeier sein Buch abholen will und ich habe es falsch eingeräumt, kann man es nur sehr schwer finden. Ich lese meistens bloß den

Aufkleber mit dem Namen, nur hin und wieder blättere ich in einem Bilderbuch. Für Bilderbücher bin ich zwar schon viel zu groß, aber manchmal schau ich sie trotzdem noch gerne an.

Als ich bei Harald *HUBER* angelangt bin, muss ich mir das Buch genauer anschauen. Es sieht so besonders aus. Ein grün-weißes Schachbrett mit seltsamen, geheimnisvollen Figuren. Und vorne auf dem Bild ist ein Junge mit strubbeligen Haaren und einer kleinen Brille. Er sieht nett aus, aber irgendwie auch ein bisschen ängstlich. Ich weiß nicht genau, warum, aber ich schlage das Buch vorsichtig auf und lese die ersten Sätze:

„Mr und Mrs Dursley im Ligusterweg Nummer 4 waren stolz darauf, ganz und gar normal zu sein, sehr stolz sogar. Niemand wäre auf die Idee gekommen, sie könnten sich in eine merkwürdige und geheimnisvolle Geschichte verstricken, denn mit solchem Unsinn wollten sie nichts zu tun haben."

Ich bin mir nicht sicher, wie man Mr und Mrs Dursley ausspricht, und es sind außerdem zwei ziemlich lange Sätze, aber ich kann trotzdem gar nicht mehr aufhören. Vielleicht sind es die Wörter *merkwürdig* und *geheimnisvoll*, jedenfalls bleibe ich einfach sitzen, blättere vorsichtig immer weiter und lese und lese.

„Toni?"

Mama sieht mich nicht, ich sitze zwischen dem Kassentisch und dem Abholfach auf dem Boden.

„Toni?"

„Ja?"

„Was machst du denn?"

„Ich räume das Abholfach ein."

„Und warum bist du so still?"

„Ich bin gar nicht still."

Mama steht vor mir und schaut in die volle Kiste mit Bestellungen, neben der ich sitze.

„*HOFER*? Du bist erst beim H? Was machst du denn so lange?"

„Nichts", sage ich und stelle schnell das Buch mit dem strubbligen Jungen für Harald *HUBER* ins Abholfach.

„Du sollst nicht immer die Bestellungen anschauen! Wenn du eine Seite umknickst, dann wollen es die Leute nicht mehr kaufen."

„Ich weiß, wie man in ein Buch reinschaut, ohne dass es jemand bemerkt."

„Trotzdem."

„Darf ich das Buch haben?"

„Welches ist es denn?"

„Das da." Ich ziehe das Buch von Harald *HUBER* wieder aus dem Regal.

„*Harry Potter*!" Meine Mama runzelt die Stirn. „Ich glaube, du bist zu jung dafür", meint sie dann.

„Ich glaube nicht", sage ich, springe auf und laufe in die kleine Kinderbuchabteilung. Ich weiß ganz genau, wo dieses Buch steht, stelle mich auf die Zehenspitzen und ziehe es aus dem Fach. „Papa hat gesagt, ich bekomm jedes Buch, das ich mir wünsche!"

„Ja, eh. Aber es ist sehr, sehr gruselig. Frag deinen großen Bruder. Der war viel älter und hatte auch in der Nacht Angst."

„Der ist ja auch ein Angsthase!" sage ich, schnappe mir das Buch und verschwinde im Lesesessel.

„Und was ist mit dem Abholfach? Das hört nicht auf mit *HUBER*!", ruft Mama mir hinterher. Aber ich stecke längst mit der Nase im Buch.

„Kannst du es fertig machen? Ich hab leider keine Zeit mehr."

ASSA
ELTERN!
MEERSALZ
KLECKSE
BESTELLUNGEN
A-E
ABCDE
FGHIJ
KLMNO
ES
IST
AUS
LÖWENZAHN
L-P
BROT
BROT + BRÖTCHEN
ZAHNWEH
SONNTAGSTRAU
POST
KARTE
S-U
HAPPY
BIRTH
DAY
NICHT MIT OMA

ALLE Ü 30
SCHULZEIT
NEIN UND JA
BURG HOHENECK
MAUER SEGLER
F-K
HARRY POTTER
A-E
V-Z
V-Z
F-K
KÖLN
L-P
S-U

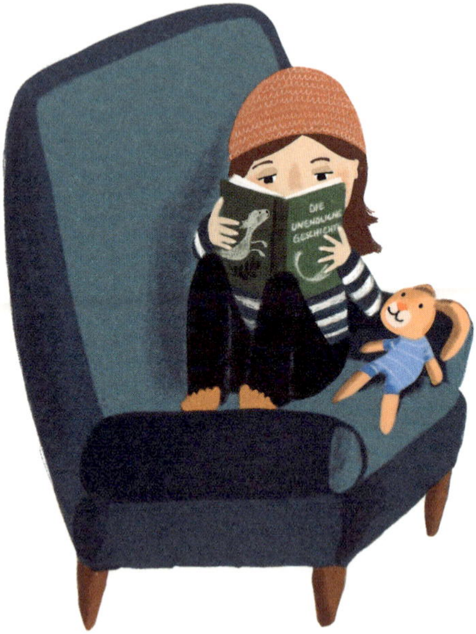
DIE
UNENDLICHE
GESCHICHTE

Die haben ganz schön Glück mit mir

Es gibt Mamas, die backen einfach so einen Kuchen. Mitten in der Woche und ohne Geburtstag. Paula hat so eine Mama.

Nach der Schule komme ich manchmal mit zu Paula, wir dürfen dann schon zu Mittag heimgehen und machen unsere Hausaufgaben nicht in der Nachmittagsbetreuung. Und einmal, an einem Nachmittag mitten im Oktober, gibt es eine Überraschung: Schon als wir bei der Wohnungstür unsere Schuhe ausziehen, bemerke ich den Geruch. Und dann sehe ich es: einen riesigen Schokokuchen auf dem Küchentisch. Er ist noch warm und dampft, deswegen zieht der Duft durch die ganze Wohnung.

„Warum hast du Zeit, einen Kuchen zu backen?", frage ich Paulas Mama. „Du arbeitest doch auch so viel."

Paulas Mama schreibt für eine Zeitung Geschichten über Politik. Ich stell mir vor, dass das viel Arbeit ist. Fast genauso viel Arbeit wie in einer Buchhandlung.

„Weißt du, meine Zeitung erscheint ja nur einmal in der Woche, immer am Montag. Und bis wir dann mit der neuen anfangen, habe ich ein bisschen Zeit. Zum Beispiel zum Kuchenbacken."

Meine Mama schafft das ganz selten – einfach so einen Kuchen zu backen. Aber mir macht das nichts aus, über uns wohnt nämlich Lorena, die kann fantastisch backen. Oft passt sie auf mich auf, dann backen wir zusammen. Einmal sogar zehn verschiedene Sorten Weihnachtskekse! Und wenn ich keine Lust mehr habe, Kekse zu verzieren, dann schau ich mit Lorenas Freund Jerry im Fernsehen die Simpsons an. Das würden Mama und Papa nie erlauben!

Mir geht es gut. Überall sind nette Menschen. Und dann hab ich ja auch noch immer zwei Familien. Denn als unsere Wohnung endlich fertig war, sind wir zwar bei Niklas und Lea ausgezogen, aber wir sehen uns trotzdem ständig. Sie übernachten bei mir oder ich bei ihnen. Wir fahren zusammen in den Urlaub, manchmal mit allen vier Mamas und Papas, manchmal nur mit zwei.

MEINE NEUE WIEN-FAMILIE

LEA — MAMA VON JAN + TONI — **TONI**

PAPA VON TONI — **NIKLAS** — JERRY

PAPA VON NIKLAS + LEA — **JAN** — MAMA VON NIKLAS + LEA

Wenn Niklas und Lea bei mir schlafen, schleichen wir am Abend in Pyjama und Hausschuhen die Wendeltreppe runter in die dunkle Buchhandlung und alle dürfen sich ein Buch zum Vorlesen aussuchen. Inzwischen bin ich die Wendeltreppe so oft rauf- und runtergeflitzt – sie ist gar nicht mehr gefährlich. Und ich weiß genau, wo der Lichtschalter ist, nicht einmal Niklas hat mehr Angst.

Es ist es schön, genau so, wie es ist. Irgendwer hat immer Zeit für mich und die Erwachsenen können verschiedene Dinge ziemlich gut.

Ich finde aber auch, dass Mama und Papa ganz schön Glück haben, dass ich ihr Kind bin, denn ich liebe Bücher. So beschwere ich mich ganz selten, wenn sie beim Abendessen oder beim Frühstück über die Arbeit reden. Und das tun sie eigentlich meistens. Ich mag es nur nicht, wenn sie über Geld reden, denn dann mache ich mir Sorgen, dass wir bald keines mehr haben. Denn was passiert, wenn die Menschen zu wenige Bücher kaufen oder alles im Internet bestellen?

Aber ich liebe es, wenn Mama und Papa über Bücher reden. Oft vergessen sie dann, dass ich danebensitze, und erzählen die wildesten Geschichten. In den Büchern für Erwachsene passieren oft ganz schreckliche Dinge. Da gibt es böse Menschen, die andere erschießen. Oder furchtbare Krankheiten.

Oder Familien, die sich verlieren und sich dann wieder suchen müssen. Das dauert manchmal über fünfhundert Seiten, denn diese Bücher sind oft sehr dick.

Einige dieser Bücher haben nicht einmal ein gutes Ende. Dann müssen sogar die Erwachsenen weinen, obwohl sie doch wissen, dass die Geschichte gar nicht wahr sein kann und sie sich jemand ausgedacht hat.

Auch bei Kinderbüchern gibt es manchmal gruselige oder traurige Dinge, aber sie gehen immer gut aus!

Der Hund vom bösen Schuster aus Bullerbü wird gerettet.

Die kleine Hexe kann zum Schluss auch am Blocksberg mitfeiern. Der kleine Ritter Trenk besteht all seine Abenteuer. Auch das Neinhorn sagt irgendwann ja.

Sogar das Rotkäppchen klettert am Ende wieder aus dem Wolfsbauch. Obwohl, für den Wolf geht es nicht so gut aus und er tat mir immer schon ein bisschen leid.

Bei Kinderbüchern weiß ich ganz sicher, dass die Geschichten nur ausgedacht sind. Schließlich bin ich alt genug, um nicht mehr an Hexen, sprechende Siebenschläfer, Hamster-Musketiere oder Drachen zu glauben.

Obwohl … immer, wenn ich allein im Bett liege und nicht einschlafen kann, dann stell ich mir vor, wie unten in der Buchhandlung Pippi, Tommy und Annika mit dem kleinen

ELTERN!
MEERSALZ
KASSA
Sackerl 20 Cent
WIR PACKEN IHR BUCH ALS
EIN!
FLUGANGST

KLECKSE
KOBOLD
ALLE Ü 30
SCHULZEIT
BESTELLUNGEN
HOKUS POKUS
F-K
LÖWENZAHN
ZAHNWEH
SONNTAGSFRAU
EIN HORN GANZ VORN
NEIN UND JA
BURG
S-U

Drachen Kokosnuss Karten spielen oder Conni mit Lotta drüber streitet, wer schneller Roller fahren kann.

Wenn ich dann am Morgen aufwache, bin ich gar nicht mehr so sicher, ob es das nicht doch alles gibt: fliegende Drachen und finstere Räuber oder Prinzessinnen, denen das Prinzessinnenleben zu langweilig ist. Und die satteln dann die Einhörner und reiten in die Welt hinaus.

So verrückte Dinge kann man ja eigentlich nicht träumen, oder?

Ich darf lesen, was ich will

Mama hat versprochen, sich am Nachmittag freizunehmen. Wir wollten Sportschuhe für mich kaufen, die alten sind schon viel zu klein. Aber vor allem wollten wir in ein neues Eisgeschäft gehen. Doch nun ist das Internet kaputt, und in der Buchhandlung beginnt das totale Chaos.

„Ich kann jetzt nicht weg, Toni! Das verstehst du doch, oder?", ruft mir Mama zu, als ich die Wendeltreppe runterrutsche. Von Papa sehe ich nur das Hinterteil, er verschwindet im kleinen Verschlag in der Kinderbuchabteilung, wo der Staubsauger und das Internet versteckt sind.

Wenn in der Buchhandlung das Internet nicht geht, dann geht gar nichts mehr. Keine Kassa, kein Computer. Die meisten Leute können nicht einmal bezahlen, denn die haben kein echtes Geld, nur eine Karte, auf der Geld gespeichert ist. Also, man könnte natürlich immer noch über Bücher reden, dazu braucht man eigentlich kein Internet. Aber niemand hat Zeit, über Bücher zu reden, weil alle ganz panisch versuchen, rauszufinden, warum das Internet nicht geht.

„Mach es dir oben gemütlich und lies was", sagt Mama leise zu mir. Ich sehe an ihrer gerunzelten Stirn, dass sie sich abmüht, den Preis von drei Büchern im Kopf auszurechnen. Vor ihr stehen zwei alte Omas, die genervt aussehen.

„Keine Lust." Ich bin auch genervt.

„Magst du zu Niklas und Lea?"

„Lea ist im Ballett und Niklas noch in der Schule." Ich weiß nämlich nicht nur meinen Stundenplan auswendig, sondern auch den von Niklas und Lea.

„Dann geh rauf. Du darfst ausnahmsweise fernsehen. Und am Abend bestellen wir uns Pizza, okay?"

Mama gibt sich wirklich große Mühe und irgendwie tut sie mir auch ein bisschen leid. Ich glaube, man nennt das ein *schlechtes Gewissen*. Das haben Eltern ziemlich oft, wenn sie ihren Kindern etwas versprechen und es dann nicht halten können.

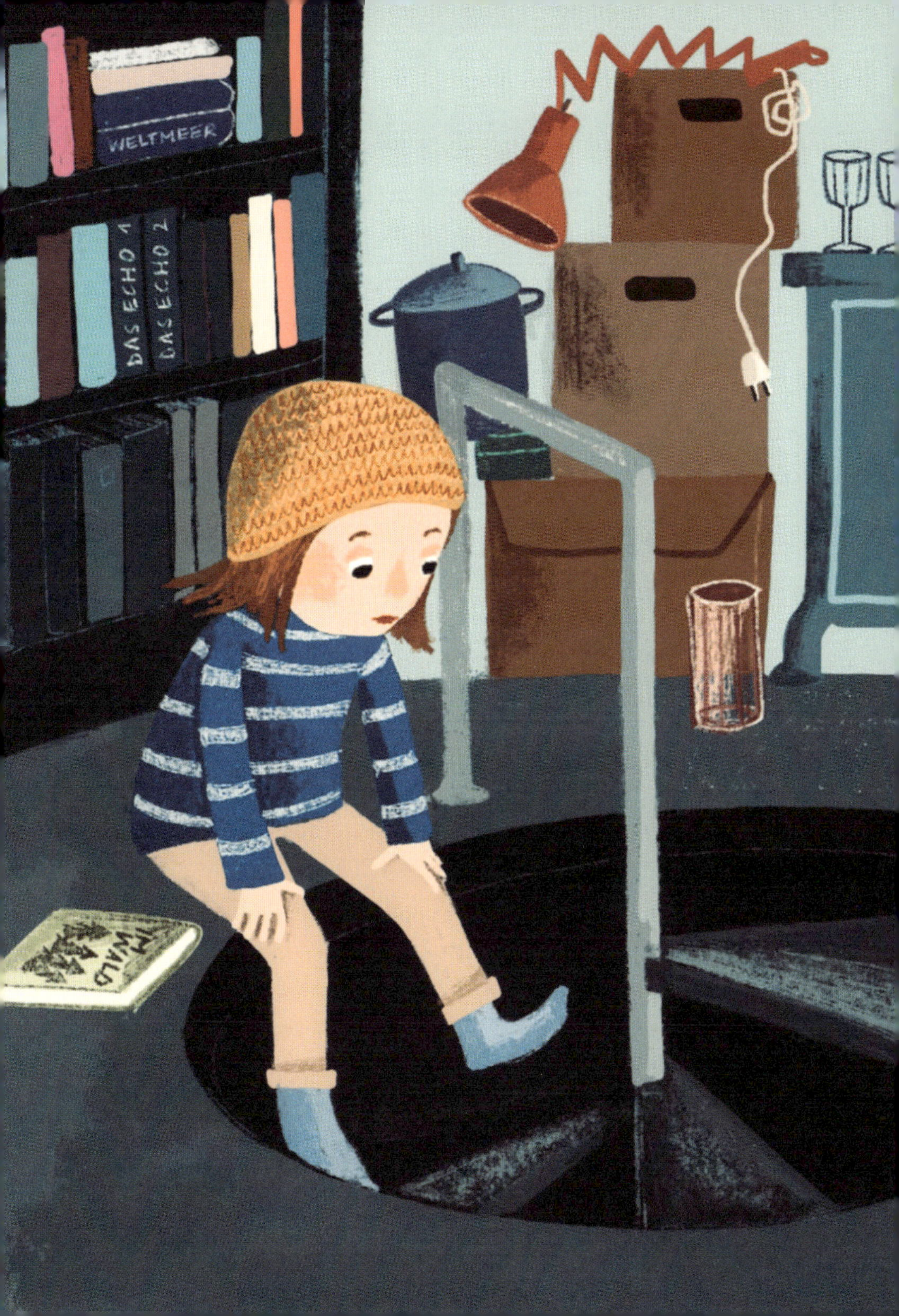
WELTMEER
DAS ECHO 1
DAS ECHO 2
WALD

Ich schaue sie trotzdem finster an, stapfe polternd die Wendeltreppe rauf, setzte mich an den Rand und lasse meine Beine baumeln. Das wird rasch langweilig und ich gehe in mein Zimmer, aber da ist es so unordentlich, dass man gar nicht richtig spielen kann. Ich werde jetzt ganz sicher nicht aufräumen. Ich nehme mir ein Stück Schokolade und setze mich vor den Fernseher, obwohl Schokolade auf dem Sofa strengstens verboten ist.

Plötzlich höre ich Papa laut jubeln und das bedeutet wohl, dass das Internet wieder geht. Ich schlüpfe in meine zu kleinen Sportschuhe, schnappe meine Jacke und renne runter. Es ist mir egal, ob wir das mit den Schuhen heute noch schaffen, aber ich will wenigstens in das neue Eisgeschäft.

Mama schaut mich ganz traurig an.

„Ach Toni, es tut mir leid. Wir verschieben das, okay? Ich muss mit dem Papa jetzt das ganze Chaos beseitigen. Hilfst du uns?"

„Nein. Keine Lust." Ich beschließe, noch ein bisschen beleidigt zu sein. Gerade will ich mich in meinen Lesesessel verziehen, doch da hat jemand seine ganzen Einkaufssackerl abgestellt. Heute ist aber auch wirklich ein blöder Tag.

Endlich nimmt die Frau die Sackerl weg und ich verkrieche mich mit einem Buch auf meinem Lieblingsplatz. Vor ein paar Tagen habe ich daraus schon zwei Kapitel gelesen und obwohl es so altmodisch aussieht, ist es total spannend. Meine Mama hat mir erzählt, dass sie diese Bücher als Kind auch geliebt hat.

In der Geschichte geht es um fünf Freunde, die ziemlich wilde Abenteuer erleben. George, Julius, Richard, Anne und Tim. Schon an den Namen merkt man, dass das Buch uralt ist! George, Richard, Anne – ich kenne keine Kinder, die so heißen. Einen Tim haben wir in der Klasse, aber der Tim aus dem Buch ist ein Hund.

Nun weiß ich, dass das Leben früher viel aufregender war. George, Julius, Richard und Anne sind zwar ein bisschen älter als ich, aber immer noch Kinder. Doch sie schlafen in Zelten im Wald, machen Wochenendausflüge mit den Fahrrädern, jagen Schmuggler, klettern in Burgverliese und erforschen unbekannte Schatzinseln. Und das alles ohne Erwachsene! Mama und Papa wollten mich in der ersten Klasse nicht mal alleine zur Schule gehen lassen! Es hat ewig gedauert, bis ich sie überredet hatte. Dabei muss man nur über *eine* Kreuzung und die hat auch noch eine Ampel.

Ganz alleine zum Supermarkt zu gehen, ist für Niklas, Lea und mich ein echtes Abenteuer, und mit der Straßenbahn dürfen wir wirklich nur dann fahren, wenn wir nicht umsteigen müssen.

„Entschuldige bitte?"

„Ja?" Wer stört mich jetzt, wo es gerade so spannend ist? Der Hund Tim ist eben in ein tiefes Loch gefallen und George und Julius versuchen verzweifelt, ihn da wieder rauszuholen.

Der Bub, der vor mir steht, hat strohblonde Haare, ein blaues T-Shirt mit einem Delfin drauf und abstehende Ohren. Als er mich anlächelt, sehe ich eine riesige Zahnlücke.

„Ich glaube, du bist größer als ich", sagt er.

„Ja und?"

„Würdest du mir helfen?"

Ich lege die *Fünf Freunde* weg und er schaut neugierig auf das Buch. „Ist das spannend?", fragt er mich.

„Ja, sehr! Aber noch nichts für dich, da bist du noch zu jung!"

Als ich aufstehe, sehe ich nämlich, dass er mindestens zehn Zentimeter kleiner ist als ich.

„Aber ich liebe spannende Bücher und ich bin nicht zu klein!" Er schaut ganz beleidigt, und da tut es mir ein bisschen leid, dass ich so superschlau getan habe. „Ich heiße Toni. Und du?"

„Jonas. Ich bin sieben und ich darf lesen, was ich will."

„Ich lese auch immer Bücher für Ältere." Ich zeige auf die *Fünf Freunde* im Lesesessel. „Aber das ist schon ab acht."

„Kannst du mir jetzt ein Buch vom Regal holen? Ich komm da nicht ran und auf den Leitern steht, dass man nicht raufklettern darf."

Ich glaube, ich habe noch gar nicht erzählt, dass wir in der Buchhandlung Leitern haben! Unsere Buchhandlung ist zwar klein, aber sehr hoch. Und bis oben hin stehen Regale. Mama und Papa stöhnen immer, weil in der kleinen Buchhandlung so wenig Platz ist und es so viele tolle Bücher gibt. Deswegen ist immer alles bis oben hin voll. Und damit man auch die Regale unter der Decke erreichen kann, sind Leitern an der Decke befestigt, die man hin- und herschieben kann. Das ist ziemlich praktisch und es macht sehr viel Spaß, daran hochzusteigen.

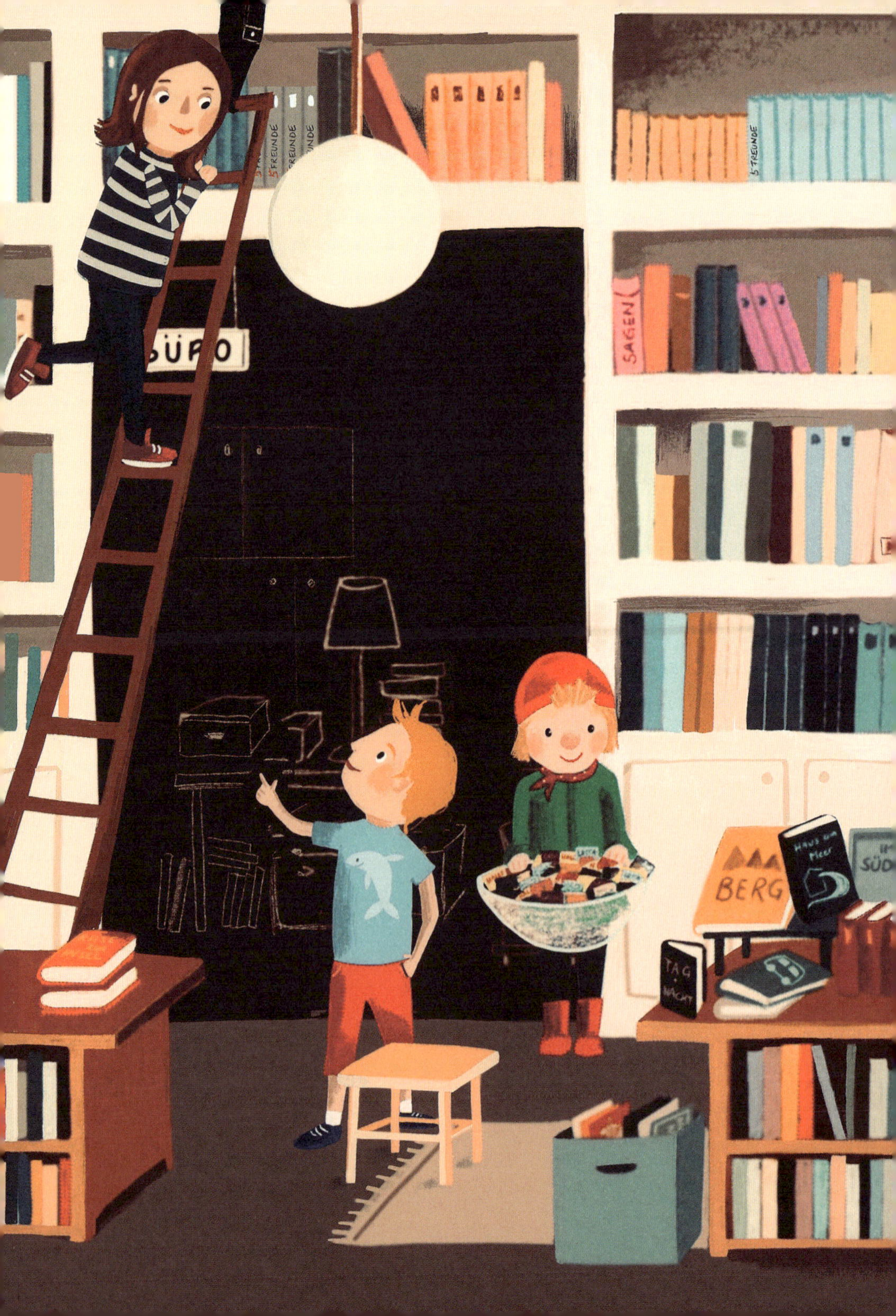
5 FREUNDE
SAGEN
BERG
Haus am Meer
TAG + NACHT

Für die Kunden ist es natürlich strengstens verboten, auf so eine Leiter zu steigen, und Mama sieht es auch nicht gerne, wenn ich darauf herumklettere.

„Und wo sind deine Eltern?", frage ich Jonas.

„Arbeiten. Aber Papa hat mir Geld gegeben und gesagt, ich darf mir nach der Schule ein Buch kaufen."

„Ganz alleine?" Vielleicht ist dieser Jonas gar nicht echt, sondern aus dem Buch mit der Schatzinsel rausgesprungen?

„Warum nicht? Oder ist eine Buchhandlung ein gefährlicher Ort?"

„Natürlich nicht", sage ich und hoffe, er bemerkt nicht, dass ich beeindruckt bin. Ohne Eltern einkaufen, das ist schon cool.

Ich schiebe die lange Leiter ein bisschen näher ans Jugendbuchregal und klettere nach oben. „Welches willst du denn?"

„Wieso darfst du da rauf?" Jonas legt den Kopf zurück und starrt mich mit offenem Mund an.

„Weil ich hier wohne. Deswegen darf ich das."

„Wie? Du wohnst hier?"

„Na, mir gehört die Buchhandlung. ... also, meinen Eltern. Also auch mir. Ein bisschen zumindest. Aber wie lange soll ich noch hier oben rumturnen? Welches Buch willst du?"

„*Harry Potter.*"

„Echt? Dazu bist du aber wirklich zu klein! Du wirst Angst bekommen."

„Werde ich nicht."

„Na gut, wenn du meinst." Ich fische den ersten Band aus dem Regal und will wieder runterklettern, da hör ich meine Mama, wie sie quer durchs Geschäft ruft: „Toni! Du sollst nicht so hoch raufklettern! Wie oft hab ich dir das schon gesagt?"

„Ja, Mama. Ich bin schon wieder unten. Hab nur jemandem geholfen."

Jonas lächelt verschmitzt und sagt: „Du musst leider noch mal rauf. Ich brauche den dritten Band. Den ersten und zweiten hab ich schon gelesen."

Nun weiß ich gar nicht, was ich sagen soll. Der ist erst sieben, sieht aus wie ein Vorschulkind und hat schon zwei Bände *Harry Potter* gelesen?

Ich stelle den *Stein der Weisen* wieder ins Regal und nehme *Harry Potter und der Gefangene von Askaban* raus. Dann klettere ich rasch wieder runter.

Jonas drückt das Buch wie einen Schatz an sich und schaut ein bisschen unschlüssig. „Liest du jetzt weiter?", fragt er dann.

„Weiß nicht. Und du? Gehst du jetzt heim?"

„Weiß nicht."

Da müssen wir beide lachen und ich sage: „Magst du noch mit zu mir kommen? Ich wohne über der Buchhandlung. Wir könnten was spielen. Oder uns über Harry Potter unterhalten."

„Sicher."

„Mama, das ist Jonas. Er ist jetzt mein Freund. Wir gehen rauf, okay?"

Mama verpackt gerade einen riesigen Bildband und hat gar keine Zeit, sich zu wundern. In der Küche biete ich Jonas ein Glas Saft an. Wir sind zwar Kinder, aber ich weiß, dass man das so macht, wenn Besuch kommt. Lorena hat einen Teller Kekse gebracht und dann sitzen wir am Küchentisch und reden und reden und reden. Natürlich ganz viel über Harry, Hermine, Ron und Dumbledore. Ob der gruselige Snape wirklich böse ist oder in welchen Häusern wir wohnen würden, wären wir in Hogwarts. Dann reden wir über andere Bücher, Schule, Hausaufgaben und was es halt alles so zu besprechen gibt.

Und als Mama von unten ruft, dass da ein sehr besorgter Herr einen gewissen Jonas sucht, schauen wir beide erschrocken auf die Uhr! Fast sechs ist es schon, die Zeit ist wie im Flug vergangen!

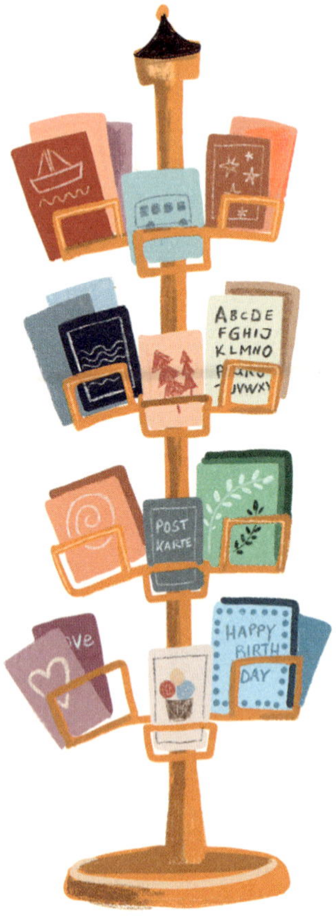
ABCDE
FGHIJ
KLMNO
POST
KARTE
HAPPY
BIRTH
DAY

Ein Bademantel aus Hamburg

Älterwerden ist gar nicht so einfach. Seit Wochen überlege ich, wie wir meinen Geburtstag feiern könnten. Früher fanden wir Versteckenspielen und Topfschlagen schon toll, aber mit neun ist das vorbei. Kino, Kindertheater, Museum, Videos schauen wären okay, aber das machen alle in meiner Klasse. Und weil mein Geburtstag mitten im Winter ist, scheiden Freibad und Picknick aus. Prater leider auch, das ist der Wiener Jahrmarkt. Eislaufen wäre eine Möglichkeit, aber das haben wir schon bei Leas Geburtstag gemacht. Außerdem hat Niklas sich dabei die Hand verstaucht und jetzt weigert er sich, die Eisfläche noch mal zu betreten.

Ich sitze mit meinem großen Bruder am Frühstückstisch. Es ist Samstag und wir haben keine Schule. Mama und Papa müssen trotzdem arbeiten, samstags gehen ja viele Leute einkaufen.

„Mach doch 'ne Übernachtungsparty", murmelt Jan, ohne von seinem Handy hochzuschauen.

„Wie soll das denn gehen? Ich will mindestens acht Leute einladen und mein Zimmer ist winzig."

„Na, in der Buchhandlung ist doch genug Platz", murmelt mein Bruder und verschwindet aus der Küche.

Was für eine großartige Idee!

Auch mir sind Butter und schmutziges Geschirr egal und ich rutsche die Wendeltreppe runter. Erst als ich mitten in der Buchhandlung stehe, bemerke ich, dass ich ja nur meinen Schlafanzug anhabe. Egal, er ist frisch gewaschen und aus dunkelblauem Flanellstoff mit bunten Mumins drauf. Den kann ruhig jeder sehen!

Mama steht gerade mit einem Herrn vor dem Krimiregal und erzählt irgendetwas von entführten Kindern und einsamen Polizisten, die nächtelang durch kalte Städte wandern. Niemals werde ich verstehen, warum Erwachsene freiwillig solche Bücher lesen. Ich warte ein bisschen hinter ihnen, aber als es mir zu lang dauert, zupfe ich Mama am Pullover. „Mama, ich hab jetzt eine Idee für meinen Geburtstag: Ich lade Niklas und Lea ein und dann noch Ronja, Ella, Jonas, Zeynep, Mariam und Josef und dann machen wir eine Übernachtungsparty!"

„Das sind zu viele, die haben gar nicht Platz in deinem Zimmer", sagt Mama und der Herr neben ihr lacht. „Und jetzt geh wieder rauf, wir besprechen das zu Mittag." Mama klingt ein bisschen streng und ich weiß, sie mag das nicht, wenn ich so in den Laden platze.

„Wir schlafen in der Buchhandlung!", rufe ich und renne die Wendeltreppe wieder rauf. Schließlich habe ich in zehn Tagen schon Geburtstag und muss sofort anfangen, Einladungen zu basteln.

EINLADUNG
ZUR GEBURTSTAGS-PARTY

Liebe Zeynep,
ich lade dich zu meinem 9. Geburtstag ein.
Samstag, 15. Februar, um 18 Uhr.
Bitte bring deine Zahnbürste, einen Pyjama und dein Lieblingsbuch mit.
Wenn du einen Schlafsack hast, bitte auch mitbringen.

Bis dann!

TONI

Am Samstag sperrt die Buchhandlung schon mittags zu und als Mama und Papa in unsere Wohnung kommen, bin ich gerade mit der letzten Einladungskarte fertig geworden. Und ich habe sogar daran gedacht, die dreckigen Teller in die Spülmaschine zu stellen, Butter und Marmelade wegzuräumen und den Tisch abzuwischen. Ich bin sehr stolz auf mich. Papa blättert meine Einladungen durch, jede sieht ein bisschen anders aus. Mama runzelt die Stirn. „Bist du sicher? Ihr wollt wirklich in der Buchhandlung schlafen?"

„Ja, das wollen wir! Das wird so cool! Wir können uns vorlesen und Geschichten erzählen und dann schlafen wir einfach da!"

„Und glaubst du, das trauen sich alle?"

„Warum nicht? In einer Buchhandlung ist es ja nicht gefährlich", lache ich und stecke die Einladungskarten in bunte Umschläge, die Papa mir gebracht hat.

„Also, ich finde, das ist eine wunderbare Idee", murmelt Papa und Mama sagt: „Sehr gut, wenn sie dann alle mitten in der Nacht Angst haben, schläfst du bei den Kindern. Ich will nicht auch noch die Nacht in der Buchhandlung verbringen."

Ich kann es kaum erwarten! Noch drei Tage, dann habe ich endlich Geburtstag. Wir werden oben in der Wohnung Pizza essen und wenn alle Zähne geputzt und Schlafanzüge angezogen haben, gehen wir runter in den Laden und rollen unsere

Schlafsäcke aus. Mama, Papa und Jan werden alle Matratzen, die wir haben, nach unten schleppen und wir dürfen Chips und Salzstangen essen und Tee trinken. Unsere nette Nachbarin vom Teegeschäft hat mir eine große Packung Früchtetee geschenkt. Auf die Schachtel hat sie „Tonis Büchertee" geschrieben. Wir werden uns gegenseitig vorlesen und Bilderbücher anschauen. Ich bin schon so aufgeregt.

Als ich an meinem Geburtstag in die Küche komme, sitzen Papa, Mama und Jan am Tisch und singen laut und falsch: „Happy Birthday to youuuu!"

Ich schaue auf die Uhr an der Wand. „Es ist kurz vor neun! Müsst ihr nicht arbeiten?"

„Heute arbeiten Eva und Anna und wir frühstücken jetzt erst mal gemütlich. Danach haben wir eine Überraschung für dich", sagt Papa und strubbelt mir durch die Haare.

Obwohl es frische Semmeln gibt und Spiegeleier und Marillenmarmelade, kann ich gar nicht richtig essen, weil es in meinem Bauch, nein, in meinem ganzen Körper so kribbelt! Mama und Papa machen geheimnisvolle Gesichter, und auch mein Bruder lässt nichts aus sich herauslocken.

Später steigen wir alle ins Auto und keiner will mir sagen, wo es hingeht. Wir folgen den Straßenschildern Richtung Flughafen und als wir tatsächlich auf dem großen Parkplatz anhalten, bekomme ich es ein bisschen mit der Angst zu tun.

Wollen wir wegfliegen? Irgendwohin in den Urlaub? Haben meine Eltern die Übernachtungsparty vergessen? Aber wir haben ja keine Koffer mit!

Wir stehen in der Ankunftshalle und die automatische Tür geht auf und zu, auf und zu. Und plötzlich stürmt Hanna raus! Meine Hanna aus Hamburg, meine allererste, allerbeste, allerlustigste Freundin! Seit wir in Wien wohnen, habe ich sie höchstens ein Mal im Jahr gesehen. Und immer nach fünf Minuten war es so, als wären wir nie getrennt gewesen. Ich kann es kaum erwarten, dass Hanna hinter der Absperrung hervorkommt! Dann jubeln und schreien und hüpfen wir und mir ist es ganz egal, was die anderen Leute denken! Sie hat eine kleine Plastiktasche um den Hals hängen, da steht ihr Name drauf, und eine Stewardess begleitet sie. Hanna ist ganz alleine geflogen. Mama muss etwas unterschreiben und dann laufen wir schnell aus der Halle. „Ich hab einen neuen Bademantel für dich", lacht Hanna, „aber das ist eigentlich eine Überraschung."

Schlafsack, Taschenlampe und Popos

In der Buchhandlung sieht es gar nicht aus wie sonst.
Es liegen Schlafsäcke auf dem Boden und dazwischen stehen kleine Schüsseln mit Chips und Muffins. Die Deckenlichter sind ausgeschaltet und Papa hat eine kleine Lampe hinter die Kasse gestellt, das schaut gemütlich aus. Und natürlich haben wir alle unsere Taschenlampen dabei.

Zuerst gibt es Pizza in der Wohnung und ich packe meine Geschenke aus. Hanna hat mir wirklich einen Bademantel mitgebracht, einen dunkelbraunen, mit St. Pauli-Logo, das ist ein Hamburger Fußballclub. In dem Päckchen von Ella ist eine Taschenlampe, die können wir heute Abend in der Buchhandlung sehr gut gebrauchen.

Socken, eine Müslischüssel, ein Kartenspiel ... lauter schöne Sachen bekomme ich geschenkt und als Jonas mir mit feierlicher Miene sein Päckchen überreicht, traue ich meinen Augen kaum. Ich erkenne natürlich sofort, dass es ein Buch ist. Es ist nämlich so:

Als Buchhändlerkind bekommt man nie, niemals Bücher geschenkt, außer natürlich von den Eltern. Die Freunde trauen sich das nicht, weil alle glauben, man hat schon jedes Buch. Oder bekommt jedes, das man will. Was ja irgendwie auch stimmt, aber trotzdem finde ich es schade. Ich würde es nämlich spannend finden, welche Bücher mir meine Freunde und Freundinnen schenken würden.

Ich reiße das Geschenkpapier ungeduldig auf. *Der kleine Hobbit*. Das habe ich wirklich noch nicht. Am liebsten würde ich gleich anfangen zu lesen, aber Jonas schnappt es mir wieder weg und lacht: „Wahrscheinlich bist du noch viel zu klein dafür!" Ich versuche es ihm abzujagen und wir rennen wild durch die Buchhandlung, bis meine Mama durch das Loch der Wendeltreppe runter ruft: „Kein Toben in der Buchhandlung!"

Mama und Papa sitzen nämlich in der Küche. Das ist der Raum, der am nächsten beim Abgang zur Buchhandlung liegt, da können sie uns am besten hören. Auch Anna ist noch da. Als sie Ronja zur Geburtstagsparty gebracht hat, ist sie einfach geblieben. Nun sitzen die Erwachsenen bei unseren Pizzaresten in der Küche und werden stundenlang tratschen. Denn Anna ist inzwischen nicht nur Personal, sondern auch Freundin. Mama, Papa und Anna können ewig über Bücher, das Geschäft und Kunden reden, also wird sie noch lange bleiben.

Weil wir nun etwas Ruhigeres spielen müssen, erfinden wir ein Spiel. Auf den Einladungen stand ja, dass jeder sein Lieblingsbuch mitbringen soll, was auch alle gemacht haben. Und jetzt lesen wir immer reihum einen Satz aus unseren Büchern vor. Das passt natürlich überhaupt nicht zusammen und wir müssen ziemlich viel lachen.

Irgendwann wird es uns zu langweilig und wir beginnen Bilderbücher anzuschauen. Eigentlich sind wir dafür ja schon zu groß, aber das ist uns egal. *Grüffelo, Bobo Siebenschläfer, Das kleine Ich bin ich, Onkel Tobi,* manche von den Büchern kann ich immer noch auswendig:

Samstagmorgen fährt der Onkel mit dem Wagen in die Stadt, weil er für die nächste Woche manches einzukaufen hat.
Einen Besen für den Stall, für die Katze einen Ball,
für die Äpfel eine Schüssel, und den neuen Haustürschlüssel.

Und dann suchen wir alle Popos in den Wimmelbüchern, denn wenn man ganz genau schaut, findet man ein paar nackige Menschen, die in der großen Stadt herumlaufen.

Es ist schon ziemlich spät und Josef, Zeynep und Ella sind längst eingeschlafen. Auch mir fallen die Augen fast zu, aber so richtig bequem ist es nicht in meinem Schlafsack.

„Kannst du auch nicht schlafen?" Lea liegt direkt neben mir und flüstert mir ins Ohr.

„Nein. Gar nicht.
Ich bin müde und wach gleichzeitig."

„Was sollen wir machen?"

„Nichts. Warten, bis wir einschlafen."

„Das ist fad."

„Stimmt."

„Ich glaube, ich fürchte mich ein bisschen."

„Wovor fürchtest du dich?"

„Ich weiß auch nicht", sagt Lea, seufzt und dreht sich auf die Seite.

Mein Jojo gruselt sich sicher auch, ich drücke ihn ganz fest an mich, liege mit offenen Augen da und starre auf die Regale, die vom Licht der Straßenlampen angeleuchtet werden. Ich denke an all die Geschichten, die da drinnen stecken, und irgendwie ist es, als würden sie lebendig werden. Die kleine Hexe, die mit ihren einhundertsiebenundzwanzig Jahren noch zu jung ist, um richtig zu zaubern, und dauernd falsche Dinge regnen lässt. Buttermilch, Frösche oder weiße Mäuse – das wäre alles in einer Buchhandlung nicht gut. Oder die wilden Kerle, die ja eigentlich lieb sind, aber nicht in der Nacht. Und ob es so einen gruseligen Mann wirklich gibt wie den, der dem Emil das Geld im Zug abgenommen hat?

Vor mir ist die Eingangstür, durch die vielleicht jeden Moment jemand reinkommen kann, und hinter mir das Regal voller Krimis mit Bildern von düsteren Häusern und dunklen Bergen. Jetzt sehe ich, dass auch Hanna und Jonas wieder aufrecht sitzen.

Hanna klettert aus ihrem Schlafsack. „Darf ich bei dir schlafen?", fragt sie. Ich öffne den Reißverschluss und sie schlüpft zu mir.

Als wir ein Geräusch von hinten hören, drehen wir uns um und da steht jemand auf der Treppe. Ich schreie laut auf, jetzt sind alle wieder wach.

„Hallo, Kinder? Ist alles okay bei euch?" Es ist Anna, und ich bin so froh, sie zu sehen.

„Wir können nicht schlafen", sage ich.

„Wir fürchten uns", sagt Lea.

„Ich friere", sagt Ronja.

Und Hanna sagt gar nichts, die liegt mucksmäuschenstill in meinem Schlafsack.

„Soll ich zu euch kommen?"

„Ja!", rufen wir alle laut.

„Dann muss mich aber jemand auf seine Matratze lassen, sonst wird mir kalt."

„Natürlich!", „Ja!", „Bitte!", rufen wir alle durcheinander und schon finde ich es nicht mehr so gruselig.

„Soll ich euch was vorlesen?" Anna macht es sich bequem und wir rücken alle näher an sie ran.

„Ja", sage ich, „aber bloß nichts Aufregendes!"

„Bleibst du die ganze Nacht bei uns?", piepst Lea, die doch sonst niemals Angst hat.

„Nein, ich kann nicht hier schlafen, aber ich lese euch was vor."

Und dann liest uns Anna ganz viele Bilderbücher vor, lauter Bücher, für die wir schon viel zu groß sind. Die Geschichten sind für Babys und überhaupt nicht spannend, aber das macht gar nichts, ich könnte ihr die ganze Nacht zuhören. Bloß nicht an Räuber, Drachen, Hexen und böse Zauberer denken, nur an kleine Mäuse, die sprechen können, an Siebenschläfer, die ständig einschlafen, von mir aus auch an Conni, die endlich Skifahren lernt …

Und irgendwann mitten in der Nacht merke ich im Halbschlaf, dass Anna nicht mehr da ist, aber da liegt ein Schlafsack, der am Abend noch nicht da war. Meinen ganzen Mut nehme ich zusammen und knipse die Taschenlampe an. Ich leuchte hinüber und schaue genau hin. Es ist mein großer Bruder. Er liegt da mitten in der Buchhandlung und schläft tief und fest, ich leuchte ihm mitten ins Gesicht, aber er wacht nicht auf. Von Ronja schaut nur die Nasenspitze aus dem

Schlafsack, Lea schnarcht leise neben mir, Hanna hat sich aus dem Schlafsack gewühlt und liegt halb auf dem Teppich. Ich nehme meinen Hasen, lege mich wieder gemütlich hin und mir wird ganz warm im Bauch.

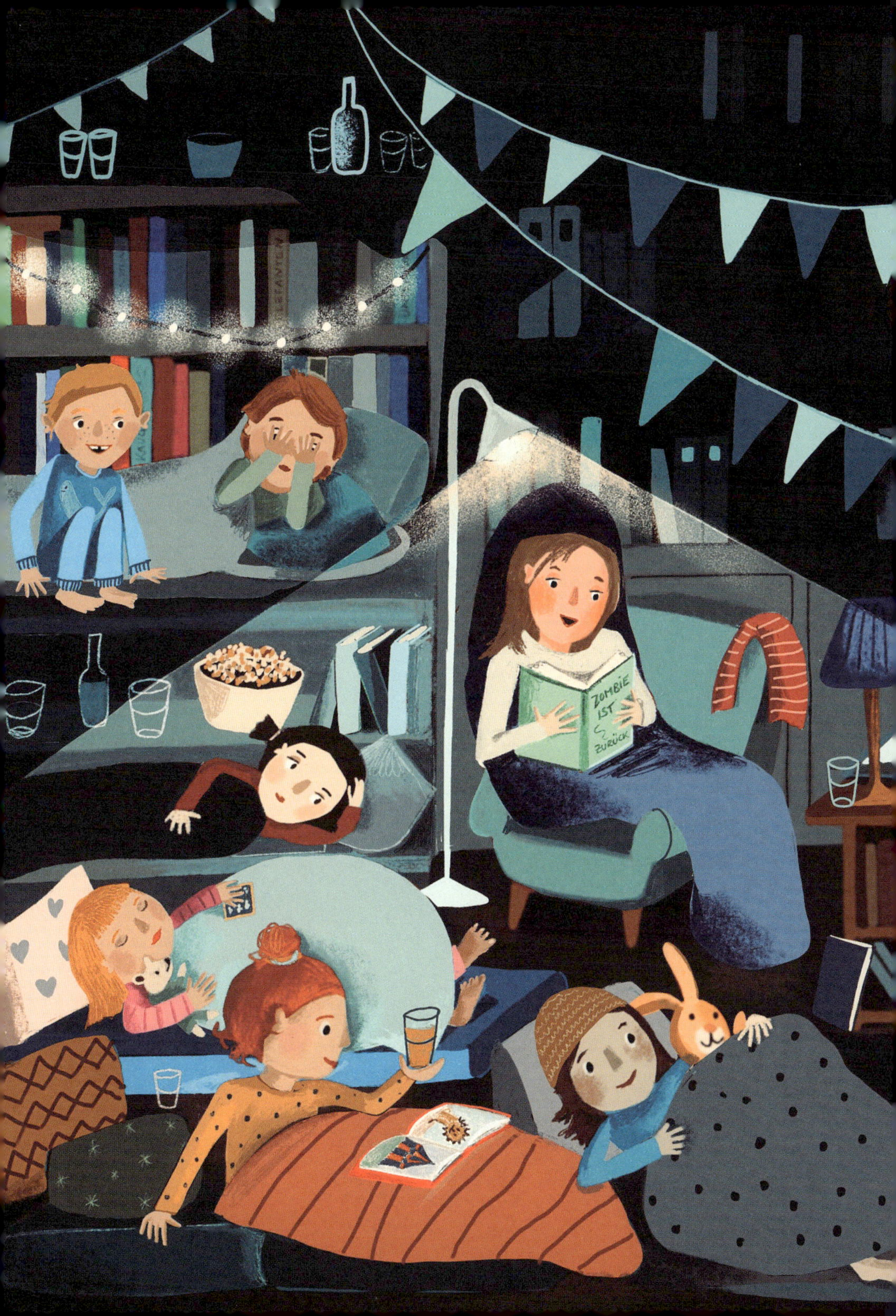
ZOMBIE
IST
ZURÜCK

PETRA HARTLIEB

PETRA HARTLIEB lebt in Wien, in einer Wohnung über ihrer Buchhandlung. Die eine Hälfte der Woche schreibt sie, die andere verkauft sie Bücher. 2014 erschien ihr Buch *Meine wundervolle Buchhandlung*, in dem sie erzählt, wie eine verrückte Idee ein Leben verändert. Es wurde zum Bestseller und in zahlreiche Sprachen übersetzt. *Zuhause in unserer Buchhandlung* ist ihr erstes Kinderbuch.

Nini Alaska

NINI ALASKA lebt mit Familie und Freunden in Hamburg. Seit ihrer Kindheit erfindet sie sich durchs Zeichnen und Malen ihre ganz eigene Welt. Dorthin geht sie, wenn es kalt und nass ist (99 % in Hamburg) oder wenn Ideen in ihrem Kopf herumspuken (99 % des Tages). Nini arbeitet außerdem als Lehrerin und DJane.

Ein Buchtipp zum Schluss!

Tonis Geschichte ist nur zum Teil ausgedacht, denn
die Buchhandlung, die Wohnung darüber, die Wendeltreppe
und die Familien drum herum gibt es wirklich.
Für alle Erwachsenen, die gerne mehr darüber lesen wollen:

Petra Hartlieb
Meine wundervolle Buchhandlung
208 Seiten / Auch als eBook erschienen
im DuMont Buchverlag

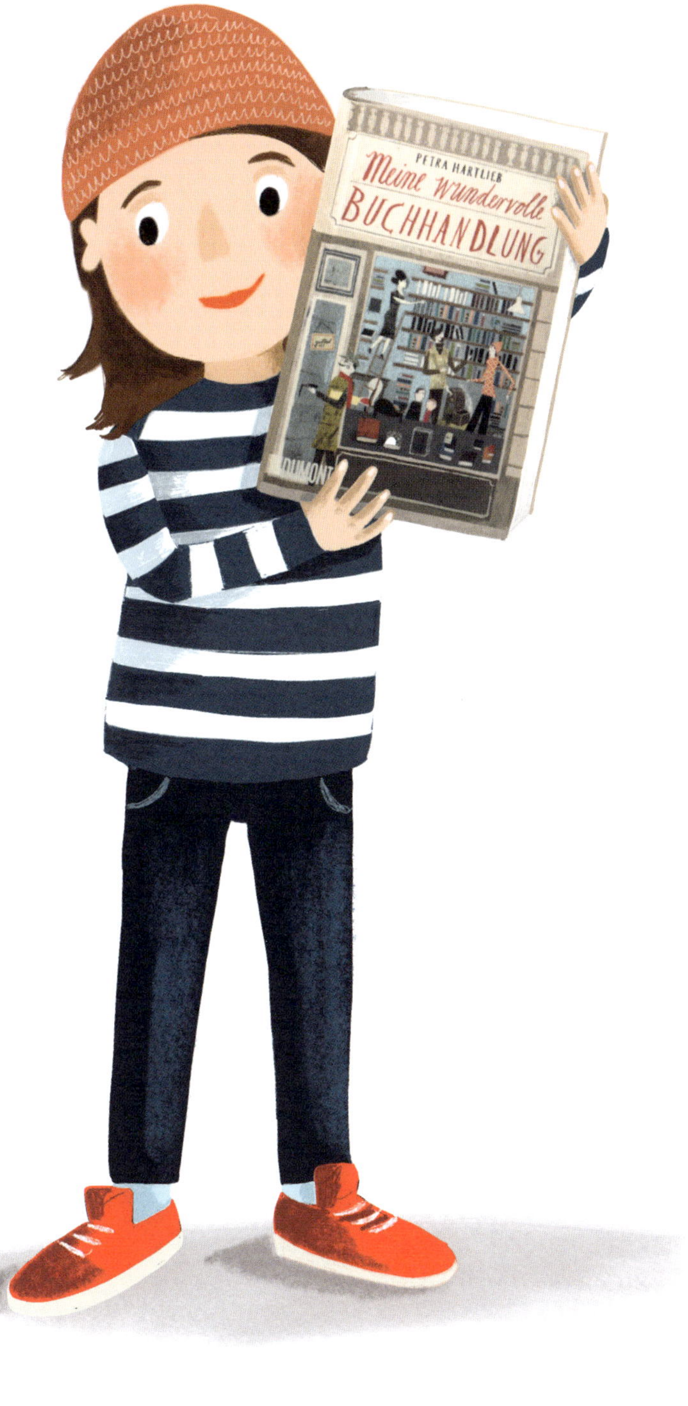
PETRA HARTLIEB
Meine wundervolle
BUCHHANDLUNG
DUMONT

B → U ↻ C → H

Leseliste

Und welche Bücher magst du besonders gerne?
Hier kannst du sie dir eintragen!

....

....

....

....

....

....

....

....

....

Kennen Sie schon unseren CARLSEN-Newsletter?
Tolle neue Lesetipps kostenlos per E-Mail gibt es
nach Anmeldung auf carlsen.de.

© 2023 Carlsen Verlag GmbH,
Völckersstraße 14–20, 22765 Hamburg
Text: Petra Hartlieb
Illustrationen: Nini Alaska
Programmleitung: Frank Kühne
Lektorat: Christiane Laura Schultz
Herstellung: Derya Yildirim, Fly Gollair/Katja Goller
Lithografie: ReproTechnik Fromme, Hamburg
ISBN 978-3-551-52217-7

Carlsen-Bücher gibt es überall im Buchhandel
oder unter www.carlsen.de